中国近代新闻学名著系列丛书

芮必峰 ◎ 主编

新闻学

—— 徐宝璜 ◎ 著 ——

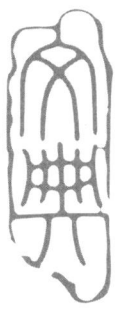

中国传媒大学出版社
·北京·

编委会

主　编　芮必峰

副主编　姜　红　刘　勇

编　委　贾　南　周　彤　张冰清　侯普曼

出版说明

本丛书整理再版了近代在中国用中文出版的经典新闻学著作，所涉及的图书既有专著、教材，也有译著，全面涵盖了新闻学理论、新闻业务、新闻史等领域，成书年份前后跨越40年。在这40年间，中国的新闻学科从无到有、从借鉴到创新，成就巨大。对这些著作的再次出版，为研究中国近代新闻学提供了珍贵的史料，绘制了中国近代新闻学的全景，度量了中国近代新闻学的厚度，填补了该领域空白，也为纪念中国新闻学诞生100周年献上了一份厚礼。

我们请中国人民大学新闻学院教授、博士生导师，广西大学新闻传播学院院长，教育部社会科学委员会委员兼新闻传播学科召集人郑保卫，及中国传媒大学传播研究院院长、教授、博士生导师，中央实施马克思主义理论研究和建设工程新闻学首席专家雷跃捷对本丛书的内容进行了审定，并根据专家的意见进行了修改。在此对两位专家所付出的辛勤劳动表示衷心感谢。

由于历史原因，本丛书中的个别图书存在一些问题，为保存历史原貌，为研究者提供一手的参考资料，影印时均基本保持其原貌，未作大的删改，希望读者结合当时的历史条件和历史环境，对其中的观点进行批判性借鉴。原书中存在一些错别字、漏字和排版错误，我们在影印时均未做改动，敬请读者注意。

由于原书出版年代久远，本丛书中的许多书籍难觅其踪，存世数量稀少，版权状况极其复杂。为了保证本丛书的学术性和完整性，我们将具有价值的图书先行选入其中，进行了抢救性发掘，力图保存中国新闻史珍贵的历史资料。版权所有人若有异议，请及时与我们联系。

为更好地体现中国近代新闻学的发展脉络，本丛书特别收录了欧美学者休曼的《实用新闻学》、斯蒂德的《新闻学的理论与实际》；日本学者松本君平的《新闻学》、后藤武男的《新闻纸研究》、杉村广太郎的《新闻概论》。当年这些书的出版对中国近代新闻学具有一定的借鉴意义。

本丛书为影印制作，成书清晰度由原书决定，由于出版年代久远，受当时生产力水平及制作方法限制，难免会存在一些缺陷，敬请读者谅解。

中国传媒大学出版社

总　序

  如果从1903年商务印书馆编译出版日本人松本君平的《新闻学》算起，中国的新闻学已有115年历史[①]。如果从1918年北大新闻研究会建立，徐宝璜开办新闻学讲座算起，中国新闻学教育和研究迄今正好100年历史。我们搜集整理了清末至民国期间一些有代表性的新闻学书籍，希望借此重现早期中国近代新闻学的本来面貌，反映我国新闻学发展的历史脉络，我们认为，这对中国新闻学术、教育史研究以及中国近现代思想史研究都是很有意义的。

  从1903年到1949年9月的40多年间，我国公开出版和内部印行的新闻学书籍，包括专著、教材、论文集、资料汇编、参考工具书等，约468种之多。[②]它们集中反映了我国新闻学的历史发展轨迹。然而，由于多种原因，这些书籍除了几本曾被重印出版外，大多已经是"只闻其名、难觅其踪"，这对我国新闻学研究不能不说是一个遗憾。

  本丛书在梳理1903—1949年间出版的有代表性的新闻学书籍的基础上，精选了50部著作，校订注释，编纂再版，也算对这一遗憾的弥补。

  从我们挑选的这50部新闻学书籍来看，中国早期新闻学的发展有三个鲜明的特点：

  一、中国早期新闻学的发展与中国社会发展，尤其与国家民族利益息息相关

  40多年间，中国新闻学从近乎空白到勃然而兴，这与中国社会的动荡、变

[①] 黄天鹏回顾新闻运动时说："有清光绪二十八年，商务印书馆刊行《新闻学》一书，为我国人知有新闻学之始，原书为日人松本君平所著……"资料来源：黄天鹏. 新闻运动之回顾［A］. 黄天鹏. 新闻学名论集［C］. 上海：上海联合书店，1929.
[②] 林德海，等. 中国新闻学书目大全1903—1987［M］. 北京：新华出版社，1989.

革休戚相关。西方新闻学是现代化的产物，最早形成于19世纪末20世纪初。1901年，"新闻学"一词首见于中文报章①，但直到民国前夕，国人对于"新闻有学乎"尚存疑，认为报社就是新闻人才的"养成所"。至1912年上海报业俱进会以"吾国报业之不发达……其最大原因，则为无专门之人才"②为由，号召组织报业学堂，培养报业专门人才。不难看出，此时新闻界亦将新闻学视为办报之"技"。至1918年邵飘萍为徐宝璜《新闻学》作序仍"窃叹我国新闻界人才之寥落，良由无人以新闻为一学科而研究之者"③。黄天鹏把1903年至1918年新闻学研究会建立之前的十余年视为中国新闻学的启蒙期。④

1918年，随着以启蒙为目标的新文化运动愈演愈烈，新思潮涌入国门，"新学""西学"站在旧传统的对立面被学界关注，新闻学思想也不例外。作为公学之首和新文化运动中心的北京大学率先开办新闻学研究会，力证了"新闻学"存在的正当性；徐宝璜《新闻学》一书问世，成为中国新闻学理论的奠基之作。新闻学教育兴起，新闻学研究著作渐盛，待到北伐前夕，中国新闻学从学理上和实践上俱已建立起来。

新文化运动后期，马克思主义传入中国，资本主义文明逐渐"祛魅"。之后的大萧条使得西方国家的痼疾暴露无遗，曾经"理想之彼方"的西方报业也难以幸免。在这一时代背景下，如何建立"吾国之报业"成为新闻学研究的热点，围绕这一热点，一方面，关于中外新闻理论、新闻事业、新闻业务的著作日益涌现；另一方面，军阀对于激进言论的暴力摧残，又引发了新闻人对于言论自由的论争。20世纪20年代的中国新闻学呈现百家争鸣之势。

"在这言论自由纷争之际，也有若干论调，认为新闻纸不过是一种政治宣传的工具，在新闻学方面也唱过所谓社会主义的新闻理论，不过这种论调没有完成，当头的国难已把这种理论粉碎。"⑤"九一八"事变后，面对空前的民族危机，"国家至上、民族至上"成为国论，报业成为勾连与动员社会的渠道和网络，

---

① 梁启超. 本馆第一百册祝辞并论报馆之责任及本馆之经历[J]. 清议报，1901（100）：1-8.
② 戈公振. 中国报学史[M]. 上海：上海书店，1989：278.
③ 徐宝璜. 新闻学[M]. 长春：时代文艺出版社，2009：7.
④ 黄天鹏. 四十年来中国新闻学之演进[M]//龙伟，任羽中，王晓安，何林，吴浩. 民国新闻教育史料选辑. 北京：北京大学出版社，2010：149.（以下征引本书时，一律简注为《民国新闻教育史料选辑》。）黄天鹏在此文中提出他对于1903年到战事结束的40余年间中国新闻学发展阶段的划分，原载《中国新闻学会年刊》第1期，1942年9月。
⑤ 黄天鹏. 四十年来中国新闻学之演进[M]//民国新闻教育史料选辑. 北京：北京大学出版社，2010：161.

致力于推动"舆论统一"。直到全面抗战中期之前,以战争宣传动员为主要研究目标的"战时新闻学"都是新闻学研究的热点。

1943—1949年中华人民共和国成立前夕,随着战争形势的转变,抗日战争已现胜利的曙光,中国新闻学人开始构想新闻业的未来。萨空了①于1943年开始着手书写《科学的新闻学概论》,旨在提醒新闻人应"鉴于美英的前车"②,避免报纸"为大财阀资本家所独占"③,"积极地设法使报纸成为大多数民众自己的相互报道消息、提供意见的工具"④。

二、中国新闻学是"西学东渐"的产物,中国早期新闻学人大多具备西学背景

"西学东渐"的内在精神是中体西用。在"用"的招牌下,西学大量涌入。中国新闻学直接引自日本和美国。首先,中国最早的新闻学译著分别为1903年商务印书馆编辑出版的松本君平的《新闻学》和1913年美国记者休曼著、史青编译的《实用新闻学》。前者成为中国新闻学的开端,而后者作为美国第一本新闻教育著作,"提供采访编辑各种实际问题的解决方案"⑤,也奠定了中国新闻人对于新闻教育之作用的基本构想。

早期中国新闻学人大多具备留美留日的求学背景。徐宝璜曾于美国密歇根大学修习经济学与新闻学,其《新闻学》(1919)的参考文献包括在美国出版的图书23种、在英国出版的图书7种,印证了时任北大校长蔡元培所言,"新闻学之取资,以美为最便矣"⑥。任白涛求学日本早稻田大学政治经济学系时,加入了《朝日新闻》名记者杉村楚人冠等筹建的"大日本新闻学会"⑦,《应用新闻学》

---

① 萨空了(1907—1988)四川成都人,蒙古族,笔名了了、艾秋飚,记者、主编、新闻学家。1927年任《北京晚报》《世界日报》编辑记者、《世界画报》总编辑。曾任教民国学院新闻系、北京新闻专科学校。1935年任上海《立报》副刊主编、总编辑兼经理。中华人民共和国成立后任中央人民政府新闻总署副署长兼新闻摄影局局长、出版总署副署长、全国政协副秘书长兼《人民政协报》总编辑等职。负责主编《中国大百科全书·新闻出版》卷,著有《科学的新闻学概论》《科学的艺术概论》《宣传心理研究》等。
② 萨空了. 科学的新闻学概论[M]. 香港:文化供应社,1946:36.
③ 萨空了. 科学的新闻学概论[M]. 香港:文化供应社,1946:36.
④ 萨空了. 科学的新闻学概论[M]. 香港:文化供应社,1946:36.
⑤ 黄天鹏. 四十年来中国新闻学之演进[M]//龙伟,任羽中,王晓安,何林,吴浩. 民国新闻教育史料选辑,北京:北京大学出版社,2010:157.
⑥ 邓绍根. 中国新闻学的筚路蓝缕:北京大学新闻学研究会[M]. 北京:清华大学出版社,2015:228.
⑦ 1915年《朝日新闻》的杉村楚人冠等在庆应义塾大学创办"新闻研究会"并讲授课程,后根据该讲义出版了《最近新闻纸学》(1918)。其时,杉村楚人冠还兼任"大日本新闻学会"的筹建者与学会新闻讲座讲师。

（1922）正是仿照杉村楚人冠《最近新闻纸学》一书体例所做。①邵飘萍的《实际应用新闻学》（1923）亦参考了《最近新闻纸学》。②杉村楚人冠深受美、德新闻思想熏陶，美、日、德的新闻思想因故才传到中国。

事实上，正是留美、留日学生群体的新闻学著述构建起了中国早期新闻学的基本框架。仅本丛书所涉国内著（编）者30人中，别除资料不详者3人，有留学经历者共计15人。其中留美5人：徐宝璜、伍超、赵敏恒③、戈公振④、曹用先⑤；留日8人：吴定九⑥、邵飘萍、黄天鹏、任白涛、张友渔⑦、谢六逸、袁殊⑧、王文萱⑨；

---

① 周光明. 近代新闻史论稿［M］. 北京：社会科学文献出版社，2014：276.
② 方晓红. 中国新闻简史［M］. 南京：南京师范大学出版社，1996：122.
③ 赵敏恒（1904—1961），记者、新闻学教授。早年就读于清华大学，1923年起先后于美国科罗拉多大学文学院、密苏里大学新闻学院、哥伦比亚大学新闻学院攻读英国文学和新闻学，并获新闻学硕士学位。1925年起在纽约环球通讯社当编辑。1927年回国，在国民政府外交部情报处短暂工作后加入路透社。1945年10月任《新闻报》总编，兼任复旦大学新闻学教授。
④ 留学两个及两个以上国家的，按其留学的第一个国家计。
⑤ 曹用先，女，宁波人，天津南开大学社会科毕业。1926年与未婚夫查良鉴自南开大学毕业后，同赴密歇根大学留学，1930年在该校安娜堡完婚。硕士毕业后回国，曾就职于上海商务印书馆编辑所并任教于大夏大学，1949年与查赴台，1951年4月病逝于台湾。
⑥ 吴定九（1890—1930），名鼎，字定九，嘉定人。著名报人，《京报》元勋之一，著有《新闻事业经营法》。公派赴日本名古屋学习土木工程时，与在东京政法学校读书的邵飘萍成为密友。1923年9月，私立北京平民大学设立报学系，时任京报社经理的吴定九担任教授并讲授专业课程"新闻经营法"。
⑦ 张友渔（1898—1992），原名张象鼎，字友彝，又名张忧虞，山西灵石人。法学家、政治学家、新闻学家。先后求学于山西第一师范学校，国立北平法政大学法律系。1927年任《国民晚报》社长兼总编辑。同年加入中国共产党，任中共北平市委委员兼秘书长。1930年赴日留学。"九一八"事变后回国任《世界日报》主笔及燕京大学、中国大学、民国大学、中法大学、北平大学法商学院教授，讲授宪法学、劳动法学、新闻学和日本问题。1943年起在重庆任中共南方局文委秘书长、《新华日报》社论委员会委员、中共重庆工作委员会候补委员兼政策研究室副主任、《新华日报》代总编辑等职。
⑧ 袁殊（1911—1987），中共谍报人员、记者、新闻学者。早年赴日攻读新闻学、东洋史。曾创办上海自修大学并设新闻专科。1931年3月创办的《文艺新闻》，最早揭露了左联五烈士被害的消息。1932年任新声通讯社记者，经潘汉年引介加入共产党。1942年卧底敌伪报纸《新中国报》，1945年10月转移到苏北解放区；1949年调入中央情报部门。著《记者道》《学校新闻讲话》《新闻大王赫斯特》等书；译《新闻法制论》等。
⑨ 王文萱，曾留学日本，1930年5月翻译杉村广太郎的《新闻概论》。1942年国立社会教育学院新闻系成立，王文萱在该系教授新闻业务课程。1947年年初，李宗仁授意萧一山在北平创办《经世日报》作为喉舌，任命王文萱、蓝文澄两位教授为主笔。

旅欧2人为胡愈之和储玉坤①（详情见表）。这些涉足新闻学研究的归国留学生兼容并蓄，汲取美、日、德等国新闻理论和马克思主义新闻思想的精华，进行本土化改良，亦从侧面反映出中国新闻学的理论来源。

三、中国早期新闻学人往往兼新闻实践、新闻教育、新闻研究于一身

1918年，北京大学新闻学研究会成立，徐宝璜负责讲授新闻学知识。他结合自身从业经验，参考欧美新闻学书目，形成课程讲义；再结合讲课心得，不断完善新闻学理论。1919年，国人自撰的第一本新闻学专著《新闻学》最终成书。徐在自序中细陈写书修书之过程："新闻学乃近世青年学问之一种，尚在发育时期。余对于斯学，虽曾稍事涉猎，然并无系统之研究。客岁蔡校长设立新闻学研究会，命余主任其事，并兼任导师。余乃于暑假中，正式加以研究，就所得著《新闻学大意》一篇，以为开会后讲演之用。……开会后，余继续研究，加以会员之质疑问难，时有心得，遂将原稿加以修改，成第二次之稿……"②显然，"曾稍事涉猎"指其曾经担任《晨报》主笔的工作经历。早期中国新闻学人兼具从业经验和新闻学教学经验者多会总结实践经验、丰富新闻理论、著书立说、传道授业，这种情况并不鲜见。

从早期新闻学著作的作者（编者）身份来看：本丛书涉及国内著（编）者30人，除李公凡、刘元钊和鲁风三人身份不详，仅蒋国珍③、项士元④二人没有明确的新闻从业经验。而在这25人中，更有20人兼具从业经历与从教经历。新闻学人大多具有新闻从业经历，学术研究、传承活动与新闻实践密不可分（详

---

① 储玉坤，1912年生，江苏宜兴人，笔名雨君、储华。1937年中央政治学校大学部新闻学及国际政治专业毕业。1938年1月任《文汇报》编辑兼社论撰述者；1938年5月担任《文汇报》法国哈瓦斯分社编辑；抗战胜利后，任《文汇报》总主笔。1946年5月转任《申报》主笔和法国新闻社远东分社中文部主任，兼任中国新闻专科学校教务长和沪江大学新闻系教授。著有《现代新闻学概论》《第二次世界大战史》《美国经济》。
② 邓绍根．中国新闻学的筚路蓝缕［M］．北京：清华大学出版社，2015：244.
③ 蒋国珍出生于1896年，江苏溧阳人，做过学生运动领袖、国民党党员、教育工作者、政府职员、银行经理。曾加入上海学生运动，代表上海全国各界联合会、全国学生联合会、上海各界联合会、学生联合会四团体发声。虞文俊认为其传世的《中国新闻发达史》翻译自日本人伊藤武雄的《中国新闻发达史》，即蒋国珍应为此书的译者而非著者。
④ 项士元（1887—1959），佛教居士、学者。原名元勋，号慈圆，又号石楼。浙江临海人，通日、英、德、梵、俄文，一生佛学著作等身。25岁毕业于杭州府中学堂，后办私立小学和赤城初级师范，兼任各校教师；捐资并赠书创办了临海图书馆。项士元长期辗转江浙等地从事教育、新闻和史志方面的研究工作。中华人民共和国成立后主持台州文管会，任浙江省文史馆馆员。所著《浙江新闻史》是中国最早的新闻史之一。

见表1①）。

从新闻学著作本身来看，许多民国新闻学书籍正是新闻实践和新闻教育的直接产物：国人自撰的第一部新闻采访学专著——《实际应用新闻学》根据邵飘萍在北京大学新闻学研究会和平民大学新闻系的讲稿所著，《新闻学总论》一书则根据邵氏国立政法大学的新闻学讲义整理而成；周孝庵②根据自己在复旦大学的新闻学讲义编著了《最新实验新闻学》；郭步陶③的《本国新闻事业》是上海市私立申报新闻函授学校讲义之十一；而《新闻学的基础知识》本就是中美日报读讯会④为新闻学自修者所出版的教材《实用新闻学讲义》之一；储玉坤的《现代新闻学概论》则是专门为大学新闻理论教科书而编写的（详见表2）。

正是由于早期新闻学人兼新闻实践、新闻教育、新闻研究于一身，才能为理论教学与著述提供最鲜活的案例，促使新闻实践经验迅速融入新闻学理论研究。这是近代中国新闻学迅速发展的重要因素，对于当今的新闻学研究、新闻学教育工作也有重要启示。

本丛书编委会邀请相关领域资深专家进行研讨，认真甄选了书目，仔细进行了版本比较和甄别，从而保证了本丛书较高的学术权威性。

由于历史的局限，民国新闻学书籍的不足是明显的，如学术理论不成熟、部分话语和话题打上了深深的时代烙印等；又因书中涉及的新闻稿件写作于特定历史环境和历史年代，其表达方式不严谨亦不可避免。盖所选书目皆是历史文献，我们在审校中尽量保持其历史原貌，不做大的删改；对极个别对马克思

---

① 李秀云. 留学生与中国新闻学［M］. 天津：南开大学出版社，2009：239-251. 本书中李秀云整理了民国期间从事新闻学研究的留学生44人，并分析其留学国别构成、专业构成、新闻实践经历、从教经历等。
② 周孝庵（1900—1973），佛教学者、律师、报人。松江府人。毕业于江苏省立第一商业学校。历任上海时事新报馆记者、编辑、主编，著《最新实验新闻学》。1928年秋被复旦大学聘为新闻学教授。曾于上海法政大学获法学学士学位，1930年兼律师。1932年主编上海《新闻报》"法律质疑"栏目、编著了《法律质疑汇编》。上海沦陷后，曾氏关闭了律师事务所，潜心佛学研究。
③ 郭步陶（1879—1962），原名成爽，后改名惜，字步陶。四川隆昌人。名记者、新闻研究者。1911—1917年任《申报》编辑，1917年任《新闻报》编辑主任、主笔。1930年任教于复旦大学新闻系。上海沦陷后赴香港，任职于《申报》（香港）、《星岛日报》；1939年创建中国新闻学院（香港）并任院长。抗战胜利后回沪任教于复旦大学、新中国学院。
④ 《中美日报》是"孤岛"时期的国民党报纸，为躲避日伪新闻检查，在美商罗斯福出版公司招牌下运作，副刊有《集纳》《堡垒》等。1938年11月创刊，1941年12月停刊，1945年8月复刊，次年4月终刊。总编先后为杨勋民、查修、詹文浒，总主笔周宪文，执笔者有储玉坤、章丹枫等。胡道静曾任英文编辑。报社读讯会为自修新闻学的读者出版了《实用新闻学讲义》，共计10种，对编辑术、采访术、评论作法、新闻写作、新闻学史、剪报工作等都有专篇论述。

主义、共产党等的不适当叙述已进行了删除处理。

  本丛书规模较大，从策划项目、搜集资料、校订编纂到审稿成书，历时两年有余。这50本书可能并非本本经典，其中有些内容亦有重复、雷同之处，但瑕不掩瑜，它们对于研究中国新闻学功不可没，作为新闻史资料极具研究价值。感谢中国传媒大学出版社和安徽大学新闻传播学院诸位老师的辛勤付出，也希望读者在本丛书中能读出更丰富的内容，获得启发并更深入地思考。

丛书主编　芮必峰
2018年5月7日

附表：

表1 著者受教育、从业、从教及著述情况列表

序号	姓名	是否留学及留学国家	从业经历	从教经历	著作
1	徐宝璜	美国密歇根大学，经济学、新闻学	北京《晨报》主笔	北京大学新闻学研究会、北京平民大学新闻系	《新闻学》《新闻事业》
2	戈公振	1927年赴美国、日本考察新闻事业	首创《图画时报》、"上海新闻记者联合会"会长、《申报》总管理处设计处主任兼《申报星期画刊》主编	上海南方大学新闻系、上海国民大学新闻系、复旦大学新闻系、上海沪江大学商学院、上海民治新闻学院	《新闻学撮要》《中国报学史》《新闻学》
3	邵飘萍	东京政法学校	《汉民日报》主编、《时事新报》《申报》《时报》主笔、创办"北京新闻编译社"、《京报》社长	北京大学新闻学研究会、北京平民大学新闻系、国立法政大学	《实际应用新闻学》《新闻学总论》
4	吴定九	日本名古屋工业专门学校土木工程	主持《京报》	北京平民大学新闻系、国立法政大学	《新闻事业经营法》
5	谢六逸	日本早稻田大学东洋文学史	《立报》文艺副刊《言林》主编、《国民周刊》《趣味》周刊主编	复旦大学新闻系、申报新闻函授学校、国立社会教育学院新闻系、暨南大学新闻系、大夏大学新闻系	《实用新闻学》《国外新闻事业》《新闻储藏研究》
6	黄天鹏	日本早稻田大学新闻系硕士	在北平创刊《新闻学刊》并担任主编	复旦大学新闻系、上海沪江大学商学院新闻学科	《新闻文学概论》《中国新闻事业》《新闻学入门》《新闻学概要》
7	赵敏恒	美国科罗拉多大学文学院、密苏里大学新闻学院、哥伦比亚大学新闻学院攻读英国文学和新闻学，并获新闻学硕士学位	纽约环球通讯社编辑，后加入路透社。"九一八"事变后为美国国际新闻社、伦敦《每日电讯报》《朝日新闻》等供稿。1945年10月任《新闻报》总编辑	复旦大学新闻系、中央政治学校新闻系、暨南大学新闻系	《外人在华的新闻事业》

续表

序号	姓名	是否留学及留学国家	从业经历	从教经历	著作
8	周孝庵	无	历任上海时事新报馆记者、编辑、主编；主编《上海新闻报》"法律质疑"栏目	复旦大学新闻系、新闻大学函授科	《最新实验新闻学》
9	张友渔	1930年、1932年、1935年多次赴日学习新闻学、考察日本新闻事业	《世界日报》编辑、《大同晚报》总编辑、《国民晚报》社长、《泰晤士报》总编辑、《新华日报》社论委员	燕京大学新闻系、北平民国学院新闻系	《新闻之理论与现象》《日本新闻发达史》
10	袁殊	日本新闻专科学校、早稻田大学历史系	创办《文艺新闻》《译报》、新声通讯社记者	上海自修大学新闻专科	《记者道》《学校新闻讲话》《新闻大王赫斯特》《新闻法制论》（译）
11	胡愈之	1928年法国巴黎大学攻读国际法	《东方杂志》编辑、创办《公理日报》、哈瓦斯通讯社远东分社中文部编辑主任、主编新加坡《南洋商报》		《胡愈之出版文集》
12	储玉坤	留法	《新闻报》编辑、《文汇报》编辑、法国哈瓦斯通讯社中国分社编辑、《文汇报》总主笔、《申报》主笔、法国新闻社远东分社中文部主任	中国新闻专科学校、沪江大学新闻系、之江大学新闻系、致用大学新闻学系	《现代新闻学概论》
13	任白涛	日本早稻田大学政治经济学	创办中国新闻学社、《新湖北日报》总编辑		《应用新闻学》《综合新闻学》
14	曹用先	美国密歇根大学①	上海商务印书馆编辑所②	大夏大学③	《新闻学》

① 毛彦文. 往事［M］. 北京：商务印书馆，2012：28.
② 雪林. 一段值得介绍的婚姻（红藏·生活·第四卷第三十八期）［M］. 湘潭：湘潭大学出版社，2014：435-437.
③ 毛彦文. 往事［M］. 北京：商务印书馆，2012：28.

续表

序号	姓名	是否留学及留学国家	从业经历	从教经历	著作
15	王文萱	留日①	《经世日报》②	国立社会教育学院新闻系③	《新闻概论》（译）
16	伍超	留美"攻读新闻科"④			《新闻学大纲》
17	郭步陶	无	《申报》编辑、《新闻报》编辑主任兼主笔、《申报》（香港）、《星岛日报》编辑	复旦大学新闻系、《申报》新闻函授学校、中国新闻学院（香港）、新中国学院	《本国新闻事业》
18	任毕明⑤	无	《民国日报》《时报》《快报》主笔、《大众日报》总编辑	香港中华新闻学院	《战时新闻学》《评论学十讲》
19	赵君豪⑥	无	《申报》副总编辑	上海商学院新闻专修科、复旦大学新闻系、上海法政学院新闻专修科	《中国近代之报业》《上海报人的奋斗》

---

① 杉村广太郎. 新闻概论·黄序 [M]. 王文萱, 译. 上海：联合书店, 1930.
② 冯国定. 忆萧一山先生 [M] //中国人民政治协商会议北京市委员会文史资料研究委员会文史资料选编（第43辑），北京：北京出版社, 1992：104.
③ 苏州大学社会教育学院. 峥嵘岁月（第三集）[M]. 北京、上海、南京、苏州校会. 1991：229.
④ 伍超. 新闻学大纲·自序 [M]. 上海：商务印书馆, 1925.
⑤ 任毕明, 原名任大任, 生于1904年, 广东鹤山人。1925年在广西梧州创办《民国日报》, 曾任《时报》《快报》主笔, 主持过香港的《大众日报》。参与创办香港中华新闻学院, 并任教。著作有《龙虎集》《风云集》《社会大学》《新社会大学》《战时新闻学》和《评论学十讲》等。
⑥ 赵君豪（1900—？）江苏兴化人。报人。"五四时期"求学于上海交通大学, 经常给著名的《民国日报》副刊《觉悟》投稿, 并与时任《觉悟》编辑的邵力子讨论种种社会改造问题。毕业后进入《申报》馆工作, 抗战后任《申报》副总编辑。1929、1942年两度兼任复旦大学新闻系编辑教授；1930年兼任上海法政学院新闻专修科教授, 讲授采访学；曾任《申报》新闻函授学校教授。1944年10月在重庆出版《上海报人的奋斗》。

续表

序号	姓名	是否留学及留学国家	从业经历	从教经历	著作
20	杜绍文①	无	杭州《民国日报》国际版编辑、《东南日报》《前线日报》主笔兼《新闻战线》周刊主编、《东南日报》总编辑、《文汇报》办公室主任	复旦大学新闻系	《新闻政策》《中国报人之路》《战时报学讲话》《国际新闻纵横谈》
21	胡道静②	无	《万有文库》编辑、上海通志馆编修、《通报》《中美日报》《大晚报》等报记者、编辑、撰稿人	上海法政学院新闻专修科	《上海新闻事业之史的发展》
22	张静庐	无	创办上海杂志公司并出任总经理		《中国的新闻记者与新闻纸》《中国近代出版史料》《中国现代出版史料》《中国出版史料》《在出版界二十年》
23	萨空了	无	《北京晚报》编辑记者、《世界日报》画刊编辑、《世界画报》总编辑、天津《大公报》艺术半月刊主编	民国学院新闻系、北京新闻专科学校	《科学的新闻学概论》

---

① 杜绍文（1909—？），又名杜超彬，广东澄海人。1927年入复旦大学中文学新闻组学习，1931年留校助教。后任杭州《民国日报》国际版编辑、资料室主任、浙江《东南日报》主笔。抗战期间主编浙江战时新闻学会会刊《战时记者》月刊，《国民日报》总编辑、社长；抗战胜利后任上海《前线日报》主笔兼《新闻战线》周刊主编。1946年至1951年间任复旦大学新闻系教授，1952年任上海《文汇报》记者、编委办公室主任。著有《新闻政策》《中国报人之路》《战时报学讲话》《国际新闻纵横谈》。

② 胡道静（1913—2003），安徽泾县人。1931年毕业于上海持志大学国语系。曾参加《万有文库》编辑和上海通志馆编修工作。"孤岛"时期坚守上海新闻界抗日宣传工作，任《通报》《中美日报》《大晚报》《密勒氏评论报》记者、编辑、撰稿人，同时在上海法政学院新闻专修科讲授新闻史课程，为共产党的抗日宣传培养新闻干部。1949年后历任中华书局上海编辑所编辑、上海人民出版社编审等。

续表

序号	姓名	是否留学及留学国家	从业经历	从教经历	著作
24	管照微①		复旦大学校刊编辑、1931年兼任上海新闻社记者	兰州大学经济系	编《新闻学论集》
25	项士元				
26	蒋国珍	疑为《中国新闻发达史》的译者而非著者②			
28	李公凡	不详			
27	鲁风	不详			
28	刘元钊	不详			

---

① 管照微,高中就读于上海立达学园,曾与王济深、刘仲达、唐旭之等先后组织了"时潮社"和"立达剧团"。后进入复旦大学新闻系学习,与伍梦窗、林楚君、向浦、徐之津等加入了复旦大学"左联",并负责复旦大学的校刊编辑工作。1933年12月21日因宣传左翼思想被捕,后任教于兰州大学经济系。
② 虞文俊是东亚中国新闻史研究第一人。《中国新闻发达史》译者蒋国珍初考[J]. 新闻界,2015(15).

表2 书目

序号	年份	书名	作者	备注
1	1903	新闻学	〔日〕松本君平 著	
2	1913	实用新闻学	〔美〕休曼 著 史青 译	
3	1919.12	新闻学	徐宝璜① 著	北京大学新闻研究会讲稿
4	1922.11	应用新闻学	任白涛② 著	
5	1923.8	实际应用新闻学	邵振青 著	北京平民大学、国立法政大学讲义
6	1924.4	新闻事业	徐宝璜 胡愈之 著	
7	1924.6	新闻学总论	邵飘萍 著	
8	1925.1	新闻学大纲	伍超 著	
9	1925.2	新闻学撮要	戈公振③ 编	
10	1927.9	中国新闻发达史	蒋国珍 著	
11	1927.11	中国报学史	戈公振 著	
12	1928.9	中国的新闻纸	张静庐 著	
13	1928.11	最新实验新闻学（上）	周孝庵 著	复旦大学新闻系
14	1928.11	最新实验新闻学（下）	周孝庵 著	复旦大学新闻系
15	1930.4	新闻事业经营法	吴定九 著	
16	1930.5	新闻概论	〔日〕杉村广太郎 著 王文萱 译	

① 徐宝璜，中国新闻学者、新闻教育家。1912年毕业于北京大学，后公费留美，于密歇根大学攻读经济学、新闻学。徐宝璜在美国密苏里大学受过系统的新闻学教育。
② 任白涛，笔名冷公、一碧，河南南阳人。1911年辛亥革命后，先后担任上海《民立报》《神州日报》《新闻报》驻河南特约通讯员，参加当地反袁活动。1916年留学日本，在早稻田大学攻读政治经济学，并加入了大日本新闻学会。
③ 戈公振所著的《中国报学史》最早由上海商务印书馆出版，是研究新闻学和我国新闻事业发展史的开山之作，国内外新闻界将之誉为中国首部新闻史学权威著作。任教上海国民大学期间，戈公振开始着手《中国报学史》一书的写作。在从事新闻工作之余，戈公振致力于新闻教育事业和新闻学研究工作，曾在上海国民大学、南方大学、大夏大学、复旦大学等校新闻系和杭州暑假报学讲习所讲授新闻学方面的课程，在新闻学研究上留下了许多著述。

续表

序号	年份	书名	作者	备注
17	1930.8	中国新闻事业（上）	黄天鹏[①] 著	
18	1930.8	中国新闻事业（下）	黄天鹏 著	
19	1930.8	新闻纸研究	〔日〕后藤武男 著 俞康德 译述	
20	1930.9	浙江新闻史（上）	项士元 编	
21	1930.9	浙江新闻史（下）	项士元 编	
22	1932.7	学校新闻讲话	袁殊 著	
23	1932.8	外人在华的新闻事业	赵敏恒 著	
24	1933.4	新闻学入门	黄天鹏 著	
25	1933.10	新闻学论集	管照微 编	复旦新闻学会丛书
26	1935	实用新闻学（上）	谢六逸[②] 编	申报新闻函授学校讲义之三
27	1935	实用新闻学（下）	谢六逸 编	申报新闻函授学校讲义之三
28	1934.1	新闻学	曹用先	
29	1934.2	新闻学概要	黄天鹏 编	复旦大学讲义、上海沪江大学新闻学专修科
30	1935	上海新闻事业之史的发展	胡道静 著	
31	1936.5	新闻学讲话	刘元钊 编著	

---

① 黄天鹏，字天鹏，别号天庐。1927年1月，他创办了我国首个新闻学刊（1929年扩改为《报学月刊》）并任主编；他是我国新闻学术史上最早研究新闻学之产生及发展史的学者，是我国具有新闻学术史观的第一人。他于1923年就读于北京平民大学报学系，1929年留学日本，修业新研究所，旋入早稻田大学新闻系。归国后出版了《新闻文学概论》《中国新闻事业》《新闻学入门》《新闻学概要》等十余本新闻学专著。

② 谢六逸，中国现代新闻教育事业的奠基者之一。著名的作家、翻译家、教授。1917年以公费生身份赴日就读于早稻田大学。1922年毕业归国，入商务印书馆工作。后历任神州女校教务主任及暨南大学、复旦大学、大夏大学教授。1930年任复旦大学中文系主任，并创设了后来闻名海内外的复旦大学新闻系，任主任。

续表

序号	年份	书名	作者	备注
32	1936	本国新闻事业	郭步陶 编著	申报新闻函授学校讲义十一
33	1936.6	新闻之理论与现象	张友渔 著	.
34	1936.11	记者道	袁殊 著	
35	1937.7	现代新闻学概论	储玉坤 著	国民党政府唯一指定大学新闻理论教科书
36	1938.7	战时新闻学	任毕明 著	
37	1938.9	中国近代之报业（上）	赵君豪 著	
38	1938.9	中国近代之报业（下）	赵君豪 著	
39	1938.10	基础新闻学	李公凡 著	
40	1939.7	中国报人之路	杜绍文 著	
41	1940.4	新闻学	戈公振 著	1932年完稿，另有1947年版
42	1941	新闻学的基础知识（上）	中美日报读讯会 编	中美日报读讯会实用新闻学讲义
43	1941	新闻学的基础知识（下）	中美日报读讯会 编	中美日报读讯会实用新闻学讲义
44	1941.7	综合新闻学 1	任白涛 著	
45	1941.7	综合新闻学 2	任白涛 著	
46	1941.7	综合新闻学 3	任白涛 著	
47	1944.9	新闻学	鲁风 著	新中国自修学院约稿
48	1946.6	科学的新闻学概论	萨空了 著	另有1945.3出版的署名艾秋飚的版本
49	1946.11	新闻史上的新时代	胡道静 著	
50	1947.12	新闻学的理论与实际	〔英〕斯蒂德 著 王季深 吴饮冰 译	上海文化函授学校读本

新聞學目錄

第一章 新聞學之性質與重要
第二章 新聞紙之職務
第三章 新聞之定義
第四章 新聞之精采
第五章 新聞之價值
第六章 新聞之採集
　第一節 新聞之分類
　第二節 新聞之略示
　第三節 採集之方法
　第四節 新聞之來源
　第五節 因人訪問與因事訪問
　第六節 因人訪問之法
　第七節 因事訪問之例
　第八節 因事訪問之法
　第九節 報告集會之法

第十節　電話探集之法
第十一節　發展新聞之法
第十二節　特別新聞之探集
第十三節　訪員應守之金科玉律
第十四節　訪員之資格
第十五節　通信員與其通信法
第十六節　通信社之通信
第十七節　機關與私人之通信
（附註一）（附註二）（附註三）

第七章　新聞之編輯
第一節　編輯之根本義
第二節　新聞之格式
第三節　關於訪稿應注意之點
第四節　新舊編輯法實際之比較

第八章　新聞之題目
第一節　題目之目的
第二節　題目之分類

第三節 造題時應注意之點
第九章 新聞紙之社論
第十章 新聞紙之廣告
第十一章 新聞社之組織
　第一節 編輯部
　第二節 營業部
　第三節 印刷部
　第四節 審理部
第十二章 新聞社之設備
第十三章 新聞之銷路
第十四章 通信社之組織
　第一節 新聞通信社之組織
　第二節 他種通信社之組織
附錄
　甲、參攷書籍目錄
　乙、參考論文目錄
　丙、請頒行新式標點符號的議案

新聞學

九江 徐寶璜 著

第一章 新聞學之性質與重要

嘗考各科學之歷史、其成立無不在其對象特別發展以後。有數千年之種植事業、然後有農學林學。新聞紙之濫觴既遲、而其特別發展、又不過近百年事、故待至近數十年、方有人以其為對象而特別研究之者。研究結果、頗多所得、已足構成一種科學、不過尚在青年發育時期耳。此學名新聞學、亦名新聞紙學。既在發育時期、本難下以定義。姑曰、新聞學者、研究新聞紙之各問題而求得一正當解決之學也。此雕稍嫌籠充、然終較勝於無。

新聞紙之各問題、可分屬於編輯組織營業三方面。茲將每方面之重要問題、列舉於下。

(一) 編輯方面：

(1) 新聞紙之職務。
(2) 新聞為何物、其價值如何決定？
(3) 新聞於何處求之乎？應如何求之乎？
(4) 新聞應如何報告於閱者乎？
(5) 新聞題目、應如何構造乎？
(6) 社論應如何編輯乎？

(二) 組織方面：

一

1. 新聞社之組織。
2. 各種通信社之組織。
3. 新聞紙之組織。
4. 新聞社之設備。
5. 新聞社社員之養成。

(三) 營業方面：
1. 廣告如何可以發達？
2. 銷路如何可以推廣？

在教育普及之國、其國民無分男女老少、平時有不看書者、幾無不看新聞紙者。言論行動、多受其影響。至對其記載、多所懷疑、對其議論、未肯盲信者、固不乏人。然其勢力駕乎學校教員教堂牧師之上、實爲社會教育最有力之機關、亦爲公理之推重。自各國民權發達以來、國內大事、多視與論爲轉移、而輿論又隱爲新聞紙所操縱、如是新聞紙之勢力、益不可侮矣。至其爲禍爲福、則視乎人能否善用耳。能善用之、則日本松本君平氏論新聞紙之言、並非虛語。其言曰：「彼如豫言者、彼如國家之運命；彼如裁判官、斷國民之疑獄；彼如大法律家、制定律令；彼如大哲學家、教育國民；彼如大聖賢、彈劾國民之罪惡；彼如救世主、察國民之無告痛苦、而與以救濟之途。」如不能善用之、則可以顛倒是非、播散謠言、無事生端、小事化大、敗壞個人之名譽、引起國內之政爭、擾亂國際之和平。推而極之、不讓於洪水猛獸。美國各著名大學、近均設立新聞學專科、傳輸相當之

二

智識、養成相當之人材、即因有見於斯學之非常重要也。

第二章　新聞紙之職務

「新聞紙」之名詞、在英文爲Newspaper、在日文爲「新聞」、國人亦簡稱曰「報紙」、曰「報章」、曰「新聞」或曰「報」。其職務有六、爲供給新聞、代表輿論、創造輿論、輸灌智識、提倡道德、及振興商業。而前三者、尤爲重要。茲分別討論之。

（一）供給新聞。新聞者、乃多數閱者所注意之最近之事實也。（其說明見次章）故第一須確實。凡閉門揑造、以訛傳訛、或顛倒事實之消息、均非新聞。第二須新鮮。明日黃花之消息、亦不能認爲新聞。蓋新聞有如鮮魚。魚過時稍久、則失其味。新聞逾時稍久、其價值不失亦損矣。

以供正之新聞、供給社會、乃新聞紙之重要職務、亦於社會有極大之關係。蓋自民權發達以來、各國政治上社會上經濟上之大事、多視其輿論之健全與否。又視其所根據之事實究覺正確及詳細與否以爲定。輿論之以正確詳細之事實爲根據者、必鬧健全、若所根據者並非事實則健全之輿論無望矣。新聞紙者、最能常以關於各種問題之消息、供給社會者也。輿論之根據、實在其掌握中。如以新聞相供給、則社會有正當之根據、自發生正當之輿論、諸事自可得正當之解決。若所供給者爲非新聞、則輿論之根基既已動搖、健全何有。故新聞紙當力求供給新聞。既不可因威迫利誘或個人之關係、以非新聞而假充新聞、亦不可因一種關係而沒收重要新聞、致社會無研究與立論之根據。

近人注意之事物、日益加多。新聞旣爲閱者所注意之事實、故其範圍近亦較前擴大、且有日益擴大

之勢。新聞現不限於本埠及本國之要事也。自世界交通日便，各國發生密切關係以來，他國之要事，亦為吾人所注意、故亦為新聞。此所以最近美國威爾遜總統之病狀、日有專電、登於各國新聞紙之重要新聞欄內也。又新聞現不限於政治上之大事也、即社會上之大事、亦為衆所注意、故亦為新聞。此所以各國勞動團體之舉動、見登於各國之新聞紙、而吾國自「五四運動」以來、學生界之消息亦為國內各報所十分注意也。故新聞紙之欲盡供給新聞之職務者、不可僅以登載本國政治上之要聞而自足也。

（二）代表輿論。　代表輿論、亦新聞紙重要職務之一。西人常云、新聞紙者、國民之喉舌也。國內各報出版時、其發刊詞亦多曰、將代表輿論。可見此職務、早為世所公認。不過「代表」二字之解釋、今昔頗有不同。昔則僅為對於政府而代表國民之輿論也、今則又應對於世界而代表國人之輿論。昔則似僅代表國民而監督政府也、今則又應代表國民向政府有所建議或要求。新聞紙欲盡代表輿論之職、其編輯應察國民多數對於各重要事之輿論、取其正當者、著論立說、代為發表之。普其虛欲言而又不善言者、言其所欲言而又不敢言者、斯無愧矣。若僅代表一人或一黨之意思、則機關報耳、不足云代表輿論也。新聞紙亦社會產品之一種、故亦受社會之支配。如因顧為機關報、而顧然發表與國民輿論相反之言論、則必不見重於社會、而失其本有之勢力、如洪憲時代之亞細亞日報等是也。

歐美各國之政府、大抵均重視輿論、一政策之取舍、一事之興革、往往視輿論為轉移、不僅於國會中求輿論之所在、且於重要新聞紙之言論中、覘輿論之趨向。即外國政府、亦復注意及之、因知其

本國政府之行動、多少必受其言論之影響也。吾國政府、對於輿論、素不重視、且封閉報館之事、時有所聞。遂致新聞紙為保存自身計、常不敢十分代表輿論。否則註册於外國政府、以博得言論自由。此誠為莫大之憾事。在政府固為不智、然新聞紙即因此畏首畏尾、置職務於不盡、亦為不可。蓋為輿論殉、為正誼殉、本為光榮之事。况全國報紙、如能同起而代表輿論、則政府雖有若干涉、亦莫可如何哉。

（三）創造輿論。 新聞紙不僅應代表輿論也、亦應善用其勢力、立在社會之前、創造正當之輿論、而納人事於軌物焉。此種創造的職務、世界之大新聞社、無不重視之。我國戊戌以後上海發行之蘇報警鐘報民呼報等報、亦均注重創造輿論之報紙也。至創造之方法有三：一為登載真正之新聞、以為閱者判斷之根據。羣衆心理、對於幾件大事、常有一定之善惡判斷。如營私舞弊、拍賣國家權利為閱者判斷之根據。羣衆心理、對於幾件大事、常有一定之善惡判斷。如營私舞弊、拍賣國家權利之人、新聞紙只須將其劣績、振筆直書、「和盤托出」、則輿論自必起而攻之、不待新聞紙之鼓動。二為訪問專家或要人、而發表其談話。多數國民、對於當面之問題、往往因其事屬專門、或內容複雜、而無一定之主張。新聞紙應於此時訪問專家或要人、徵求其意見而公布之、以備國民之參考。正當輿論、常可因此發生。三為發表精確之社論、以喚起正當之輿論。編輯本自己之學識與熱忱、細心研究各種應與革之事、常著切實之論說、說明其理由與辦法、以提倡之。初或無甚反應、然歷時稍久、必能使社會覺悟、因發生正當之輿論、使應與之事果與、應革之事果革。然非編輯有純潔之精神、高尚之思想、遠大之眼光、不足以語此也。

（四）輸灌智識。新聞紙之在文明各國、已成社會教育最有力之機關。在文化運動中、佔甚重要之地位。故輸灌智識、遂亦爲其重要職務之一矣。爲盡此職務起見、歐美大報、每日探集世界各處之正當新聞而登載之。如是閱者不出屋而可知天下大事。又對於敎育、商業、科學、美術、特立專欄、請有專門智識之人編輯之。亦有於星期日、增加篇幅、登載專篇、或論政治、或講學術、或紀最新之發明、或叙游歷之見聞者。如是閱者破少許之工夫、即可得很多有用之智識。又設立問答欄、備閱者之質疑或請敎、如其良友然。有人稱之爲閱者每日之圖書館、及販賣智識之雜貨店、誠確喩也。吾國報紙、近雖亦有對於世界各種之大事、爲明瞭之記載、並介紹學術與思潮者。然多數則對於新聞、偏重本國政治之消息、事雖瑣碎、亦多夾雜其中、對於學術及思潮、絲毫不爲介紹。而香豔詩詞、誨淫小說、某某之風流案、某某之秘史、反日日登載。此所以吾國之民智不進、而民德日衰也。

（五）提倡道德。新聞紙應立在社會之前、導其入正當之途徑。故提倡道德、亦爲新聞紙職務之一。使新聞紙素得社會之信任、則惡者因其劣行登載而受輿論之攻擊、善者因其善行登載而受輿論之贊揚、雖不必發生嚴如斧鉞、或榮如華袞之力量、然足以懲惡勸善、則毫無疑義。至學術之介紹、思潮之輸入、新聞之正當、均足使閱者注意於正當之事業、亦爲事實。吾國報紙、雖無不以提倡道德自命、然查其新聞、常不確實、讀其論說、常欠平允、往往使是非不明、致善者灰心而惡者張膽。更觀其廣告、則誨淫之藥品、冶遊之指南、亦登之而無所忌諱。甚至爲迎合社會心理以推廣銷路起見、於附張中或附印小報、登載「花國新聞」、香艷詩詞、導淫小說、及某某之艷史等件。且有廣

收妓寮之廣告並登妓女之照片、為其招徠生意者。是不惟不提倡道德、反暗示閱者以不道德之事。既損本身之價值、亦失閱者之信任、因閱者將漸視其為一種消閒品耳。此於記者之道德、亦大有關係。因迎合社會、乃賤者之所為、與欺詐同為不德也。

(六) 振興商業。廣告者、商業之媒介也。而新聞紙之廣告、尤為有力。美國各大報、近對於廣告、多採取廓清政策。既排除猥淫之廣告、即虛偽欺人者、亦不收登。如是其廣告、不啻商業新聞、深得社會之信任。商業因之頗為振興。又聘請有專門智識之人、編輯商業專欄、登載金融貿易物價、此現種種消息、為讀者所注意。各大報所以如是者、蓋因認振興商業、為其職務之一也。

綜上所述、可見新聞紙之職務甚重、新聞事業、為神聖事業、新聞記者、對於社會、負有重大之責任。彼以顛倒是非、博官獵賄、或專以致富為目的而辦新聞紙者、乃新聞事業之罪人也。

第三章　新聞之定義

新聞果為何物乎？余之答案如後：

新聞者、乃多數閱者所注意之最近事實也。

茲分別說明之：

(一) 新聞為事實。新聞須為事實、此理極明、無待解釋。故凡憑空杜撰閉門揑造之消息、均非新聞。彼因無採訪之能力、揑登消息、以了責任者、或為迎合社會之惡劣心理、常揑登猥褻之新聞如某某之風流案、某姨太太或小姐之秘史者、或因受股東或津貼者之指揮、登載一種謠言以混亂一時

之是非者、是為有意以偽亂真、其欺騙閱者之罪、實不可恕。

『報紙有聞必錄』、此吾國報紙之一極普通之口頭禪、且常引為護身符者也。其實絕無意義。因若信一二人之傳說、而不詳加調查、證其確否、逕視為事實而登載之、將致常登以訛傳訛之消息、且有時於不知不覺成為他人播謠之機械、此亦為以偽亂真、又烏乎可。即假定所聞者全為事實、亦不能盡行登載、因事實之非關者所注意者、仍無新聞之價值、者『必錄』所聞、則報紙之新聞、與街談巷議無別矣。況新聞紙之篇幅有限、又安能『必錄』所聞之全部耶？然吾國報紙、則恆引此不通之六字以為護身符、對於所登之新聞、縱使錯誤、亦不負責任、因按『有聞必錄』之原則、本無關查所聞確否之必要也。甚有於此六字之下、為達不正當之目的起見、登載消息、攻擊他人之私德、不留餘地者。此為吾國新聞界幼稚之明證、亦一可應糾正之事也。

訪員不僅探集新聞時、須審慎聞之確否也、即編輯時、亦須謹慎據實直書。行文之間、既不可故意顛倒事實、亦不可隨意綜繫附會、致與事實不符。編輯對於該新聞、如有意見、可於社論欄中發表之、或於新聞之後、加以附註。切不可將意夾雜於新聞中、迷惑讀者、否則亦為以假亂真也。常見吾國報紙往往將原來五六行即可登完之新聞、『特別放大』加入狠多意見、與利用社會弱點之議論、成一篇洋洋千言痛快淋漓之大文章。是證明其不知新聞為何物也、否則為有意剝奪閱者之權利。因只有事實、可成新聞。事實登載後、閱者自然自有主張。今將記者之意見夾雜在內、腦經簡單不能識別者、無不被其迷惑、以意見為事實而失其主張之自由矣。即能識別者、須於長篇中尋出五六行之新聞、亦覺太不經濟矣。此亦即應糾正者也。

總之、新聞與小說有別須為事實。苟非事實、即非新聞。若登載之、是為假冒。不能因其登載遂謂之為新聞也。訪員採集新聞、常遇困難、雖力求得事實、而所得者常非盡為事實、誠為實事。然謂求得真正之新聞不易、可也。因此謂非事實者亦為新聞、則不可也。

（二）新聞為最近事實。新聞固須為事實、但不必事事皆新聞也。自古迄今、世界內經過之事多矣。即一國所經過之事、亦指不勝屈。若一一皆為新聞、則報紙可登之材料將汗牛充棟、登之不勝其登。而歷史書籍、均可視為報紙矣。然古人之事、人多知之。及於今日、交通便利、凡過去稍久之事、閱者亦多早已聞悉、不待報紙之登載。使新聞為此類已知之事、則無價值之可言。故新聞不僅為事實、又須為最近事實、為閱者所欲知而尙未知之事實也明矣。至過去已久之事、皆屬舊聞。雖有多數報紙用之以塞篇幅、然不能因此遂謂之為新聞也。常見報紙登載舊聞、每先申明該事『雖為明日黃花、因其重要特補登之以備閱者之考證』云云。此其自覺之表示也。或曰、最近之事、似不能包括一切新聞。應曰、否。過去已久之事、附屬於最近之事、而見登於新聞欄中者、是誠常有之事。苟無最近之事而附屬之、則單獨不成為新聞也。例如陸君鑾章自幼之歷史、報紙在其為奉軍副司令所鎗斃時、可附於鎗斃之事而登之、則斷不可也。或又曰、只最近之事可為新聞、然則近事概不為新聞耶？應曰、是當視為新聞而登之、則可。凡事均有其最近之一時期。如為新聞也、則此時價值最高、新聞紙應即登布之。設過此未登、逾時稍久、則其價值不失亦損。苟價值雖損而尙未全失、則事雖由『最近』而變為『近』、仍不失為新聞。若已全失、則不復為新聞矣。至『最近』之期限、當視一國之交通便利

與否而後能定。在交通極便之美國、二十四小時以前之事、即成舊聞。在中國『最近』二字、現似不能如此嚴格解釋。然非四五日以前之事、則又可斷言。總之一國之交通愈便利、則『最近』之期限愈縮短也。

（三）新聞為閱者所注意之最近事實。更近一步言之、新聞雖必為最近事實、然最近事實、不必一一皆為可登於報之新聞。例如車夫張三今早忽得重病、是最近之事也。然除非張三之病、為一種極可怕之傳染病如虎列拉、卽本埠之新聞紙亦不能視為新聞而登之。因注意張三之病者、充其量、不過張三本人、及其家族、親戚、朋友、其包車之主人、及其做對頭之仇人而已。若閱者則鮮有願聞其事者。報紙登之、殊無味也。使張三之病、果為虎列拉、則又不同、本埠報紙定可視為新聞而登之。因閱者雖不注意張三、然虎列拉之發生、則於已有甚重之關係、未有不注意者也。又如美國芝加哥城中、有一著名富翁、今午病故、是亦最近事實也。芝加哥之新聞紙、均登載其事、於新聞欄中。中國新聞紙亦可視為新聞乎？曰、否。因閱者旣多素未聞其名、斷不至注意其生死。報紙登之、殊無味也。但使此富翁、於其臨終之時、立一遺囑、將其所有之財產、全行捐贈、以備在中國設一大博物院之經費、彼時中國新聞紙、又可視為新聞而登載之。因閱者雖原不注意此富翁之生死、但一外人捐鉅資在中國設博物院之事、則未有不注意者也。且必因此、而注意其死時情狀、並其在生致富之歷史。故使中國各報、如有通信員駐芝加哥、則該員可立時用無線電報告此事於本報、以備登載也。或曰、『注意』二字不甚妥當、且『閱者』之範圍、亦形窄小、宜定新聞為與社會中人有關係之最近事實。應曰、否、請分別言之。事之與吾人有關係者吾人固甚注意、然吾人所注

意者不限於與吾人有關係之事也。此層後當說明。故若定新聞為與社會中人有關係之事，則範圍反較窄。現時許多可視為新聞者，亦不能視為所『注意』之事之為妥也。又『社會中人』四字，亦不如『閱者』二字之較適。因『閱者』固社會中之份子也。『社會中人』所注意之事、閱者亦必注意之，此理之當然者也。然閱者所注意之事，不必為全社會或其中多數人所注意也。例如國人之泣意歐戰之開始議和者，僅讀書識字能看報之人。至社會中之大部份，則不注意、然歐戰開始議和消息之為新聞，則無疑義。故謂新聞為閱者所注意之最近事實，範圍實未見其窄小也。況定義僅以閱者所注意為新聞，則至少之限度。若能得全社會或其中多數人之注意，則為新聞、更不待言矣。新聞乃至無定之物也。北京大學之事、北京大學中人深注意之。北京大學日刊之閱者，既幾全為北京大學中人矣，故事雖瑣微如評議會之選舉、該報可視為新聞而登之。然他界人士、則不注意及此。使新聞須為社會中人所注意之最近之事、則大學評議會之選舉、即該報亦不能視為新聞。然事實上豈如是哉？綜上種種、可見新聞紙所登之新聞、不僅須為最近事實、且須為閱者所注意也。注意之範圍愈廣、則新聞之範圍亦隨之而廣。自交通日便、人類生活日益紛繁日益充實以來、吾人所注意之事物、已超過國界及政界。故現時報紙不僅應供給本國政治新聞及本埠新聞、即外國大事與社會上之大事、亦應有明瞭詳細之紀載也。

（四）新聞為多數閱者所注意之最近事實。　最近事實之僅為少數閱者所注意者、當然不成為新聞、因此種事實甚多而且無甚價值也。必有多數閱者注意之、方成為新聞。若為全體閱者所注意則為絕好之新聞。然此種事實、不常見也。所以然者、因報紙之閱者、往往非屬一類之人、其中學生、官

新聞學　第三章　新聞之定義

十一

吏、商人、政客、律師、醫生、男女老少各色之人、莫不具有。彼此因性質學識地位種種之不同、所注意之事、遂亦往往不相同也。

此時有一事須申明者、即定義之意思、非謂最近事實、必須經新聞紙登載得多數閱者之注意後、方成新聞、否則不成新聞也。不過謂最近事實、非一一皆可登於報之新聞也。記者於得到各種消息後、應先問其為事實否、為最近事實否。如為最近事實矣、尚應接一定之標準、推定其為多數閱者所注意否、是則登之、否則應擯於非新聞之列也。至此標準為何、次章當詳論之。

美國之 Collier's Weekly、有一期曾登十位報館編輯對於「新聞」所下之定義。（見 Mar.18.1911. P22）茲將其譯登於後、以備考證、並以見多數新聞記者、雖能一見新聞、立時認識、然請其以簡短之方式確當說出新聞為何物、仍非易事也。

（一）閱者所欲知之事、皆為新聞。
（二）事之為國民所注意者、皆為新聞。
（三）充分人數所欲讀之事、若不違犯良趣味與毀謗律、（Laws of libel）皆為新聞。
（四）國民願談論之事、皆為新聞。愈能引起議論者、則其價值愈大。
（五）新聞者、乃與閱者有關係、或為閱者所注意之各種事情、發見 Discoveries 及意見之正確的迅速的消息也。
（六）任何與公眾福利有關之事、任何於個人之關係、活動、意見、財產、或私人行為之中、引起個人之注意或與以指導啟發者、皆為新聞。

(七)新聞乃種種經過之事情、並事情之默示(Inspiration)及結果也。

(八)新聞者、乃關於有人類注意之任何事情或觀念之綱領事實、所謂有人類之注意者、即於人類生活或幸福有關或對之有一種影響也。

(九)新聞乃以國民爲根據、且完全視其如何引起他人之注意以度量者也。

(十)新聞包括一時代之一切活動、而爲一般人所注意者。能引起最多數閱者之注意者、爲最佳之新聞。所

第四章 新聞之精采

推定最近事實是否爲多數閱者所注意之標準、曰新聞之精采。新聞之精采者、乃足引起多數人注意某事實之物也。凡最近事實、有之者即可推定其必爲多數閱者所注意、故爲可登於報之新聞、無之者則可推定其必不爲多數閱者所注意、故不成爲新聞也。新聞學與心理學常發生至深之關係。新聞之精采、卽吾人心理上之產物也。茲略舉數者於後。

(一)個人之關係。　吾人對於他人之所感受者、雖往往漠不關心、然對於與己身有直接或間接的關係之事、卽至微末、亦甚注意之、此人類之心理也。故無論何種最近事實、與多數閱者發生關係、則新聞紙可推定其必不爲多數閱者所注意、而爲可登之新聞。至其與多數閱者發生關係之處、卽新聞之精采也。車夫張三之病、因與多數閱者毫無關係、故不成爲新聞。使其所得之病爲可怕的虎列拉、而閱者又多爲本城之人也、則其病與多數閱者發生個人之關係矣。當地報紙、卽可視爲新聞而登之也。又現時旅居北京之人、幾無不直接或間接感受中交票價跌落之苦痛矣。使二行鈔票有於業

日一定發現之消息、則北京報紙之絕好的新聞。即全國人士、亦復注意及此、因此乃政府決心整理金融維持民困之表示也。故全國報紙、均可視為新聞登之。又一國之政治、與一國之國民、因治安擔負、權利、信仰、種種問題、多少發生關係。故政治新聞、為一般國民所注意。此所以各國報紙昔均以政治新聞為中心、今仍以政治新聞登載最多也。

（二）人類之同情。閱者之所注意者、不限於與其有個人關係之事也。凡事之能得人類之同情者、雖與其不發生個人之關係、亦必為其所注意、故亦為新聞。至能引起人類同情之處、則新聞之精采也。此種事實之最普通者有三。甲為人命之損失。世人對於他人之死亡、雖與之無關係、大抵表示同情。故凡最近事實之為鉅數之人命損失者、必為多數閱者所注意而為新聞也。死者之數目愈大、則注意之人愈多。故在此新聞之精采、即此數目也。昔者江寬為楚材所擊沉、數百乘客、同時塞於魚腹、此為鉅數之人命損失、故全國新聞紙無不登於重要新聞欄內也。

乙為財產之損失。財產之損失、與人命之損失同、亦能得世人之同情。故最近事實之為鉅額之財產損失者、記者亦可推定其為多數閱者所注意而為新聞。至在此則財產損失之數目、乃新聞之精采也。前在上海時報中見其轉譯字林西報之新聞一則如後、其題目為「土耳基之大火警」。

▲土耳其之大火警
▲損失有數千萬金之鉅
▲流離失所者二十餘萬人

字林西報云陽歷五月三十一日君士坦丁（即土耳其京城）大火警、延燒至六月二日始熄。聞其起火原委、由于一吸餘之紙烟失愼所致、火區長有三英里左右、燬屋五千餘所、浴池兩所體拜堂十餘座、流離失所者有二十餘萬人、災民中現患紅疹流行病、困苦情狀、不堪言喻、約計此次損失有數千萬金之鉅、誠世界未有之火警也。

夫多數之閱者、當未作君士坦丁之遊、對於失愼地方之所在、均漠然也。今字林西報登之而時報譯登之者、因財產損失、旣有數千萬金之鉅、又加以「流離失所者有二十餘萬人」之多、多數閱者縱素與士耳其基毫無關切、對此火警、亦不免表示同情、因而注意也。若財產損失之事、發生於中國、則數目雖較小、亦必不失爲重要新聞也。

丙爲奮鬥之精神。個人或團體之奮鬥的精神、無論表出之方式爲何、均能引起人類之同情而爲其所注意。故最近事實之表示此種精神者、皆爲新聞、而奮鬥之處、卽新聞之精采也。「五四運動」及「六三運動」之所以得世人之同情者、卽因其富於奮鬥之精神也。故其間發生之種種事實、各報均視爲好新聞而登載之也。

（三）求勝之競事。人類均有好勝之心、故對於各種求得勝利之競爭、不論其爲國際的、政治的、商業的、或游戲的、莫不注意。此所以關於戰事之最近消息、爲絕好之新聞、卽演說比賽或足球比賽之結果、各報亦爭先登載。能工之舉、各報多詳細登載、亦因其爲勞働者與資本家之競爭也。

（四）著名人物之姓名。又吾人之心理、對於著名之人物、雖素未謀面、而其一言一動、則均甚注意之。故凡最近事實之關於著名人物者無論鉅細、新聞紙可推定其爲多數閱者所注意爲新聞也。至

此人物之姓名、則為新聞之精采。一經提出即能引人注意此最近事實也。前在國內各報中、皆有「黃陂潛心佛學」之新聞一通如後：

●黃陂潛心佛學

▲讀經不倦

黃陂自卸政肩後、即息影家園、杜門謝客、據其侍者云、黃陂每日除閱中外報紙、及馳馬運動外、必手持佛經、薰香默誦、其澹泊明志、不慕榮華、人格之高尙、世人可師之也、近舊曆某副官至京、赴琉璃廠採購藏經多部、以便瀏覽云。

夫手持佛經薰香默誦之人、不僅黃陂先生已也、而閱報馳馬之人尤不計其數、今僅黃陂先生之事各報觀為新聞而登之者、因黃陂先生為國中著名之人物、其行動為多數閱者所注意、而他人之行動雖同、但聲名則遠不及也。又曾在各報見宣統習英文孜孜不倦之新聞。夫能如宣統之孜孜不倦以習英文者、必大有人在。是宣統之事本不足奇、且與閱者無關係。當亦以其為著名人物耳。所以視為新聞者、當亦以其為著名人物耳。而勤奮過乎宣統者、或尚有人。

（五）著名機關之名稱。吾人之心理、不僅注意著名人物之言動也、即著名機關之言動、不論其所以著名者為何、亦均甚注意之。故凡最近事實之關於著名機關者、新聞紙可推定其為多數閱者所注意而為新聞也。至此機關之名稱、則新聞之精采也。北京大學及安福俱樂部之一言一動所以現多見

載於國內各報新聞欄內者、卽因其爲著名之機關也。

(六)事情之希奇。吾人所注意之事、不限於與吾人有關係之事、前已言之矣。凡事之希奇者、雖與吾人絕無關係、吾人亦注意之、此又人類之心理也。故凡最近事實如爲昔日所未有而今日方有者、古人所不能而今人能者、或人人所不爲而有人忽爲者、新聞紙均可推定其必爲多數閱者所注意、而爲可登於報之新聞。至其希奇之處、卽新聞之精采也。前在北京晨報緊要新聞欄內、見有「世界之最長壽者」之一段新聞如上。夫此中所述之蔣塞爾、一不著名之農夫也。不獨晨報之閱者、無一知之、恐卽原登此

世界之最長壽者

▲現年一百三十一歲
▲子女共計三十人
▲長子九十三歲⋯幼子纔五歲

最近美國某報載美國鏗達基州底列甚新古敦市有一位農夫名叫蔣塞爾於本年九月三日過了第一百三十一回底誕生日他於一七八八年在特崑州府訥資古司奇爾市出生美國南北戰爭底時候他已經七十歲了十九歲底前夫人結婚夫婦之間生了子女二十九人長子今年九十三歲了當他一百二十五歲底時候又同一位婦人結婚又生了一位五歲底小孩這位老農夫自從能夠做工以來沒有一天沒有停過工作這一次因爲做了一百三十一回底壽纔歇了一天沒有做工所以他不但是世界最長壽底人且並也可以說是世界最勤勉底人他底精神還是非常之好同三四十歲中年底人沒有甚麼區別聽說他從今年起纔報去買人壽保險呵

段新聞之「美國某報」之閱者、亦少與彼相識者、故其事與閱者甚無關係也。但其「現年一百三十一歲」及「當他一百二十五歲的時候、又同一位婦人結婚、又生了一位五歲的小孩」之事實、即極希奇、雖不敢斷其「絕後」、但敢必其「空前」。故晨報視為重要新聞而譯登之、因知其必為多數閱者所注意也。若有更重要之希奇之事、如飛船飛渡太平洋、則注意之人更多而為新聞、更不待論矣。

美國Mr. Dana 曾云狗咬人、非新聞也。人咬狗、則為新聞。此確言也。因狗咬人、乃常見之事、不足為奇。除非狗所咬之人為著名之人物如黎黃陂先生、則多數閱者必注意其何以不以腳踢之以趕打之以石擊之而必以口咬之之原因、或且及其人為誰也。故「人咬狗」之事、報紙可視為新聞而登之。至人咬狗、則向所未有之事也。今如有人實行咬狗、則斷不為多數閱者所注意、故不成為新聞上之所述、尚未盡新聞之精采也。凡最近事實、有之者即為新聞、否則非新聞也。記者對之、有明確之觀念、於各種最近事實中、應能立認孰有新聞之精采、且於編輯新聞時首先提出、以引閱者之注意也。

第五章　新聞之價值

組織完備之新聞社、每日所得之新聞、常過於其報紙之所能登者、據美人某君言、紐約各大報每日棄置廢字簍中之新聞、常三四倍於其實行登出者。夫同為新聞、一則被棄置、一則見登載、是何故歟？曰、因其新聞之價值有不同耳。新聞之價值者、即注意人數多寡與注意程度深淺之問題也。重要之最近事實、自能引起較多人數與較深程度之注意、故為價值較高之新聞。次要之最近事實、僅能引起較少人數與較淺程度之注意、故為價值較低之新聞。例如北京各報之閱者中、其注意北京中

交二行鈔票於某日一定兌現之新聞者、必較注意「世界之最長壽者」「黃陂潛心佛學」「土耳基之大火警」等新聞者爲多、而注意之程度亦必較深。因之前者之價值遂亦較後者之價值爲高矣。故吾人可定一公例曰、取數新聞而比較之、其價值乃與其重要之程度爲正比例。

其注意之程度爲正比例。而最好之新聞、即最近事實中之能引起最多人數之最深注意者也。記者如遇新聞過多、不能盡行登載時、即按此公例而斟酌各新聞之價值、棄其價值較低者、而用其價值最高者。新聞之排列、記者亦多以此爲標準、價值高者置之於前、價值低者登之於後。又新聞之編輯、亦應用此爲標準。價值高者、可詳爲登載、價值低者、可簡爲述出。然不僅新聞之間、價值常懸殊也、即同一新聞、其價值亦隨時而異、隨地而別。茲詳論之於後：

新聞如鮮魚、登載稍遲其價值不失亦損、前已言之矣。此蓋因今日之事、在今日注意之人必多於明日、在明日又必多於後日也。故今日登載、則爲較有價值之新聞。遲至明日、則價值稍減矣。又遲一日、則價值又減或全失矣。故吾人可下一公例曰：同一新聞、其價值與發生及登載相隔之時間爲反比例。此相隔之時間愈短、則新聞之價值愈大。愈長則愈小也。爲縮短此時間起見、歐美之各大新聞社、近多厲行下列三種辦法、即用敏捷傳信方法、增加發刊次數與隨時改版是也。

（一）用敏捷傳信方法。　傳達消息、如賴書信、則遠在數千里以外者、雖有輪船火車之便、非數日不能達矣。如賴口傳則雖近在數十里以內者、亦非數時不能達矣。昔時之通信員多用書信以傳消息於其報。而訪員之探聽一事、多須親自報告。如是新聞之傳達費時、而新聞之登載、遂亦不能不遲緩矣。今日各大新聞社則不然、其通信員多用電報及無線電、以報告外埠新聞。而本埠之訪員得新

聞後、多立用電話以報告之、由接電者編成新聞。如是昔之需數日數時方能傳達者、今則數時內或頃刻之間即可傳達而登於報矣。雖因此而費用稍巨、然新聞發生及登載相隔之時間可縮短矣。如是其價值遂大增矣。

（二）增加發刊次數。　向時各新聞紙、一日之內、僅發刊一次、或為晨刊、或為夕刊。如是在報已發刊之後、雖接得新聞、均非俟至明日不能登載。因此新聞之價值受損多矣。各大新聞社、有鑒於此、近多於一日之中發刊數次。如為晨刊、則於發行晨刊之外又增夕刊。晨刊發行後所得之新聞、即於午刊中發表之。又午刊發行後所得之新聞、即於夕刊中發表之。於是在昔日雖有接到新聞後須過二十四小時方能登布者、今則重遲不過數小時矣。相隔之時間既因之而增進。紙約及芝加哥之大報、常日刊七八次、可謂極其能事者矣。吾國報紙過最緊要之事、不及候次日登載者、雖亦發行號外、然遠不及增加發次刊次數。

（三）隨時改版。　隨時改版之法、即當登於晨刊午刊或夕刊之新聞、編輯已了時、新聞社又陸續得到他新聞、其中如有不宜待至午刊、夕刊或次日晨刊發表者、於是將印刷中之版、取出之一部之鉛字、而插入新來之新聞。此法行後、新聞之登布、幾可隨到隨登矣。相隔之時間既更為縮短、而所登新聞之價值、又因之增進矣。因此種在種、歐美之新聞界、「昨日」已成不祥之名詞、編員均忌用之。即「今日」、亦嫌其籠統、多改用「今早」「今午」「今晚」「方搶」等字矣。吾人所造字之華。　大抵以「日曆中心、同一新聞、其價值不僅隨時而異、又大抵隨地而有別也。

漸推及於己所熟悉之人及事。故現雖處交通便利之世、所最注意者、大抵仍為本埠之事、及本埠之人。至外埠之人及事、則非有特別情形者、多不注意也。故往往一二事、在本埠之新聞紙、則可登數欄而在外埠則僅值數行、或甚至絕無價值而不值一登也。例如關於前所述之「土耳基之大火警」、土耳基之報紙、可將其失火之原因、失火時之情形、人命財產損失之數目、被害之重要人物及重要商號、各種善後之辦法、詳加調查、編為新聞、雖登萬言、亦不為多、而火警所在之君士坦丁之報、尤可詳為登載。此無他、土耳基遭此大火災、其國人號不深為注意、故為價值甚高之新聞、因之其紀載亦可十分詳細。至吾國報紙、對於此事、則只能為簡短之紀載也。又黎總統為中國全國注意之人物、故其「潛心佛學」距離之關係、已大形減少、故只可簡短紀載之、亦不甚強。換言之、此件新聞之價值、一到中國、因之國人之注意此事者、並不甚多、即注意之、亦不甚強。換言之、此件新聞之價值、一到中國、因之全國新聞紙均可視為新聞而登之。然歐美各國之人、多不注意其人。故歐美之報紙、未視其「潛心佛學」之事為新聞也。因此吾人又可下一公例曰同一新聞、其價值與發生及登載相隔之距離為反比例。此相隔之距離愈短、則新聞之價值愈大、愈長則愈小也。為縮短此距離起見、美國各大報、近多有各地特版之發行。試假用上海時報以說明之。時報於其銷行最廣之長江各口岸、每一口岸、派一二通信員常駐之、專探集該地新聞、逐日報告。時報得其通信員之報告後、即將所報告者分為二起。如所報告者為九江之新聞也、則分為各地人士所注意者、與僅九江人士所注意者。各地人士所注意者、即價值雖因距離而稍減、但並未受大損失之新聞也。僅九江人士所注意者、自仍常登載。然對於僅九江人士所注意者、九江即無價值之新聞也。時報對於各地人士所注意者、即

則於時報篇幅中、特留一版以登之、名曰「九江特版」。此「九江特版」、專寄售於九江之時報讀者之。至寄售於安慶者、則有「安慶特版」、而無「九江特版」。寄售於南京者、則有「南京特版」、而無「九江」及安慶之特版。寄售於其他時報銷行頗廣之地方者、亦復如是。因此置時報之人、不僅可知本埠之重要新聞、且可知本埠之新聞、而不見外埠之無謂新聞。如是、時報所登之新聞、均爲有價值之新聞矣。

第六章 新聞之探集

新聞紙所登之新聞、有爲各通信社所供給者、有自他報轉錄者、有爲他人所投稿者、餘皆自行採集者也。爲其探集新聞之人、大抵有三種、即探集本埠新聞之訪員、探集外埠新聞之通信員、與探集特別新聞之特別訪員。採集之後、復須加以編輯。自電話發達以來、訪員與通信員探得新聞後、往往用電話報告於其報館。「通信員用長距離電話」接電者一面靜聽、一面即記出之。及至該談話畢時、一篇新聞已成、略加修改、即可付印。似訪員之職務祇有採集而不必編輯矣。殊不知訪員之報告新聞也、不能次次用電話。即用電話之時、不過未筆記耳、其須整理事實之次序、而以適當之形式說出之則一也。

第一節 新聞之分類

自採集方面言之、新聞可分爲意內與意外二種。所有新聞社預知之事、如開選舉會運動會演說會紀念會等事、均爲意內新聞。因何日開會、新聞社之編輯、得一一記之於簿、每日朗視之、即知當日有何事舉行、可派訪員屆時親去探聽報告一切。新聞社每日確有把握之新聞、均此類

也。至意外新聞、凡忽然發生之事、如遇險火警水災等事、均屬之。因此等事均突如其來、新聞社不能於事前布置、待知之而派人探聽時、則事已過去矣。

第二節　新聞之略示

凡可以為採集之基礎者、曰新聞之略示。例如新聞社之友人某君、於電話中報告聞某地失火。編輯得此報告後、即可派一訪員親至某地調查是否實有其事、人命財產損失若干及其他事實、而編成新聞。故某君之報告、新聞之略示也。訪員採集新聞、大抵有略示以為基礎、並非終日間行於街市、逢人便問有無新聞也。謠言常為甚好之新聞略示、因訪員以此為基礎、詳加調查、常得有價值之新聞。然調查之結果、亦有時證明謠言、僅為街談巷議、或為他人有意之揑造、毫無事實上之根據者。故新聞社於未查得證據之先、切不可將謠言登之報上。如該謠言與他人或團體之名譽有關、尤應特別小心。因一經宣布、公衆周知、或足敗壞他人一生之事業、而令團體失其信用不能進行。以後雖能來函更正、或由新聞社申明錯誤、然終不能完全打消該謠言經載後所發生之影響、因人類大抵以先入為主也。吾國之新聞社、因以「有聞必錄」為原則、對於略示與新聞、遂不加分別、此新聞欄中、所以常多無根據之記載也。

第三節　採集之方法　（附註一）

新聞之採集者、乃將紀載某事之各種材料、集合於一處之謂也。世人因其鄰居之事、彼因新聞紙之登載、方行知悉、如是有疑新聞社派有訪員、埋伏各處、以待新聞之發生者。其實新聞社之採集、不過一種完密組織之結果耳。若果如世人所疑、則訪員之數、將與警察等、恐至富之新聞社、亦將因

二十三

此而破產矣。

探集並非偶然之事、實有一定之方法、其法可大致分為二種、即日常探視與特別探視。

新聞社之編輯、例將各種之新聞來源、（其解釋見第四節）分為若干區、每區由一訪員擔任之。訪員須每日到其區內之各來源、少則一次、多則數次、翻閱文件、訪問職員、以探聽新聞或略示。遇有重要者、立用電話報告其編輯、使其得多派訪員、分途進行。訪員對於其區內、應負責任、不可讓重要事實逃過而未加以注意。至其每日應到每來源之次數、及在每處停留之時間、則視乎在該處可指望得到之新聞之價值及數量而後定。此日常探視之方法也。

至特別探視之方法如下：由編輯備一簿、列於此簿內相當日子之下。例如國會於本年十月二十日通過一議案、實施於以後新聞之種種略示、將於此簿內四月二十日一頁之上。編輯每日到館後、即可翻閱略示簿、舉凡中交二行於九年五月一日、將二行北京鈔票、一律兌現。除在當時為一極好之新聞外、編輯並可籌備若何、及所擬發現時之手續若何、而編為新聞。編輯於每日、必亦接得各種緊急略示、此新聞之剪片、貼在九年四月二十日一頁之上。編輯每日到館後、即可翻閱略示簿、舉凡此日一頁上所登之種種略示摘要錄出於一單上、附津擬派之訪員、及自己之意見。當訪員到館時可即將關以電話報到時、即可以略示及意見相告。此特別指派之事、大抵與其本區有關。如是訪員當其趨往員之常往中交二行者、以前所述之剪片為基礎、赴二行訪問其當局者、叩其對於實行兌現議案之準內來各源時、可順便探聽其特別指示。編輯於每日、必亦接得各種緊急略示、亦做上法書在該單之上。如有訪員在社、立可派其前往探聽。否則待訪員回社或由電話報告新聞時、每行按

派。

遇重要事實發生時、編輯大抵將各訪員應做之事、特定指定、以使該事之各方面、毫無遺漏。例如內閣總理定於本日由京到本埠某聯合會演說、早至晚歸、除赴聯合會外、並有數處開會歡迎。編輯以此略示為基礎可派一訪員、專跟隨該總理、自下車時起、至上車時為止、其職務在報告總理在本埠之普通情形。又派一訪員專報告政界歡迎會之情形。如預推其演說為十分重要者、可用連環筆記法、記其全文。又派訪員一人或數人報告其在某聯合會之演說。總之、凡能想到之各方面而視為重要者、均預先安排有人、從事採集。

第四節　新聞之來源　（附註二）

新聞於何處求之乎？求之之處、曰新聞之來源。各公立機關如國務院、警察廳、審判廳、學務局、商會等處、各團體如學生聯合會、各界聯合會、華法教育會等會、均為新聞之來源。因不獨很多消息、可以在彼證明其確否、且其種種登錄、及紀載之可為新聞或略示者、亦復不少也。凡此來源、編輯宜派訪員、日去探視、翻閱其所登錄、翻閱其所登錄及記載者、遇有為多數閱者所注意者、則檢出而編為新聞。如有可疑之處、則宜僅視為略示而加以調查。遇有審要消息、立應報告其編輯、以便其能派出他訪員、探聽此消息之其他方面。發見必要時、可訪問其中重要之人物如秘書。

至新聞來源之廣狹、各地不同。在尊重輿論之社會、諸事取公開主義、新聞社及訪員有已經公衆承認之地位、故向各來源翻閱文件、訪問職員、事均容易。但在輕視輿論之社會則不然、苟非訪員個人之交遊甚廣、則此等來源、必仍多封鎖、而非訪員之所得利用者也。

第五節　因人訪問與因事訪問

新聞社之對於意內新聞也、應將其略示預先記之於一簿中、每日開視之、即知當日有何事舉行、可即派員親去探視、前已言之矣。使訪員所須採集者、為此類新聞、則屆時親至其地、舉目以觀、張耳以聽、從事採集尚屬容易。所難者、訪員探視之事、大半為意外新聞、即已過之事也。事之如何經過、不能親自見之、如是訪員親見該事之經過者、並設法使其說出事之原委。而此時訪員之目的、又在求事實、此種訪問、曰因事訪問。訪員因此事訪員曾見十餘人、而編輯時、則不必提出其名或引證其語。此外尚有因人訪問之一種。此時訪員之目的、在得某著名人物對於公衆所注意之某事之意見。在報登布時、亦申明此為某人之意見。至其意見之當否、則另一問題也。故訪問實包括向人探聽事實與徵求意見而言也。

第六節　因人訪問之法

因事訪問、由來久矣。至因人訪問、乃最近發明之事業、而現時甚流行者也。凡遇一重要問題或特別事故發生時、新聞社或新聞通信社、往往派訪員向深知此問題或與事有關之人、徵求其意見、而發表之於報上以餉閱者。茲述訪員從事因人訪問時應注意者如後。

（一）見面前之種種。　因人訪問、非易事也。初次欲見其人、常甚困難。著名人物、多極忙碌、無暇接見記者。亦有不願見其意見登布於報、因而不願接見訪員者。故投刺求見、常無效力。最好之法、為請其素所親密之人、作書為之先容、略述己之為人、品學兼優、性情穩健、以免其或存不信

任之必。同時自己亦以一簡單之函寄之、略稱久仰大名、以無緣接談為憾、今承某某先生介紹、甚為欣慰、何時公暇、請卽示知、以便趨謁云云。常例因情面關係、必得回書、約時往談。此時訪員切不可遲去。寧去早而稍候、因遲去、恐其或託詞外出而不接見也。

訪問之前、訪員應預先計畫所欲知之事、善為擬就問題分出先後、以便能引出所欲得之答案。若毫無準備、則人縱極願談話、或致談論不重要之事、而重要者反未提及也。

（二）見面後之種種。　既見矣、引人談話、亦非易事。此中秘訣、為切不可引起其不快之感、並設法增其對於己之信任。信任之後、自肯多談、否則所談、非為不由衷之言、卽為吐兩可之語。訪員切不可表示自己意見之與其相反者、以引起其不快之感。縱有表示之必要、只能以他人口氣出之。

被訪問者、可分為三種：一不願談話者、二甚願談話者、三無甚意見可發表者。訪員對之、應各有對待之方法。見第一種人時、訪員最好先談論其最近得意之事、以增其愉快之感、因世人多多少少有一點虛榮心、此亦訪員應略知被訪問者個人之歷史之理由也。然後設法歸到所欲問之問題。使其人此時仍不願有所表示、則訪員宜申明己非以私人資格往談、隱秘之新聞、往往於此得之。如無秘密之必要、事後可說明理由、要求登布。如不允、可要求登布一部分。若用上述方法而仍不能得絲毫之表示、則訪員明登布時不提出其名。如再不允、則惟有踐約而已。遇第二種人時、訪員可立時提出所欲問之問題。遇第三種人時、訪員宜以他人口氣、表示各種意見、以得其贊否之表示。

訪問旣終、除有特別情形、與常見而相得者、可不詢其能否發表外、否則應行問明、以示鄭重。答惟有提出一直捷了當之問題、詢其是否承認、以免毫無結果也。

此問者、約有三種：；一請斟酌爲之、二指定可發表之一部分、三囑編輯校後與之一閱、俟修正後再行發表。訪員對於此應慨然允諾、不可使被訪問者有爲難處、致爲來日求見之障也。

臨別時、訪員除對於此次談話、表示極滿足之意外、可要求以後時常往見、如不蒙許可、可要求定期往見、訪員旣得此「預約券」、則以後往見時、僅投刺足矣。其人旣允許於前、大抵因良心之節制、不致拒見於後。電話訪問、拒絕者甚少、因此本雙方有益之事也。在訪員可省往返之勞、及見面之周旋、而在被訪問者方面、因外面發生於已不利之謠言、常因問明、遂未登載、亦覺甚有益也。

談話時、訪員不宜用隨記筆記。因除少數人不因此而變動其談話之自由與自然外、大多數之人、一見訪員、手持該簿、立覺其談話非常重要、登布後將爲衆人討論之資、或覺小心而不肯多談、或竟中輟而不復言矣。

（三）所應記憶之點。 編輯時、訪員以某事問、人以某事答、此種逕情直叙之法、已成死法矣。今法務在以談話中最精采之處、置之於前、然後再從頭細述、並其人之身材服飾、談話神氣、及居處情形、夾叙於問答言詞之間、使枯燥無謂之問對、咸爲有興趣之新聞。故談話之前、及談話時、對於其人之身材服飾等事、訪員均應注意之。當其人談話時、訪員宜傾注全神、聆其所語者何、其持論何若。無須逐字逐句、一一強記。最要在得所談之精意與談者之情狀。必其關緊要之語、警人之句、及恆引之口禪、始須牢憶原語。有關統計者、其數量亦宜牢憶也。

（四）求編輯之迅速。 訪問時、不宜立時筆記、旣如上所述矣。如是發處、如何探習談話以待編輯之

問題。欲解決之、除訪員當有強健之記憶力能記所有重要語句之原文外、編輯亦貴乎迅速。故訪問之後、訪員應立一地方、將原文寫出、然後從事編輯、以免時久漸忘之弊。若能於訪問之前、將原擬之問題、預先寫出、另留餘白、則訪問之後、祗須填寫答案、更可儉省時間矣。

第七節　因事訪問之例

上海某路、有一高大洋房、忽然失火、傷一人。某報得此略示後、即派出一訪員、前往該處探視。然訪員至該地時、已逾失慎之時、三四時矣。訪員此時所能見者、不過一堆灰燼瓦礫、幾個看熱鬧之人、及房屋原爲何種、並現燒至何度耳。其他非訪員所能見也。藉與看熱鬧者談話、或能知失火之原因、此房原作何用、及住者何人。既知住者何人矣、即往訪之。藉與之談話、大抵可知其所視爲失慎之原因、財產損失之數目、房東之姓名、及受傷者爲何人現在某醫院矣、卽往訪該院醫生、問其病狀。又可往訪其家族、詢其職業及家境。又可往訪房東以知房屋之價值、及保險費之數目。訪員能會見住者及房東等誠幸矣、否則宜設法尋他人而問之。總之訪員探視一事、時時發見引線、須順此引線而深加追究、採訪到底、至已得其所欲得者、或確信無可再得之時爲止。若中途停止、或失去新聞中最重要之精采也。

第八節　因事訪問之法

因事與因人二種訪問所用之方法、大致相同。上所述因人訪問之方法、均可引用於因事訪問。其二不同之處、僅有二點

（一）因人訪問所訪問之人、乃由編輯指定、有時且設法爲之介紹。至因事訪問所訪問之人、大抵須

訪員自行探知、且設法會見也。

（二）因事訪問之後、編輯之前、尚有一番斟酌的手續、為人因訪問所無者。因人訪問、既重在某人對於某事之表示矣。又不論某人之談話、或全登、或僅錄其要點、訪員不能雜以已見、而爾為某人之意見也。至因事訪問則重在事實。然訪員當新聞發生時、既不在場、自然須依賴他人口傳之言。但口傳之言、因常人之觀察力與判斷力常不正確、逐每彼此互異。訪員應評量各人之言、如法官之斷獄、決定何者並不實在、何者最為切近。如有不實不盡之處則刪去之。有不相銜突之處、則調和之。有不相貫串之處則聯絡之。然後再行編輯。故因事訪問所產之新聞、大半為眾人談話之集合體也。

第九節　報告集會之法

報告各會開會情形之新聞、多係訪員親自採編者。有時亦由該會編就送來。如係後者、此時或全登或摘要、由編輯視其重要而定之。此外尚須為其造題、然均與訪員無關也。訪員報告集會之情形、較訪問稍易。因會中之演說、訪員可自由筆記、以備登載、不似訪問時之既難見其人、尤難引其談話也。

訪員報告集會時、有應注意者如下。

（一）宜早到會場。　訪員宜先到會場、佔一適宜之位置、近於主席及演說之地點、以便開會時聽得

清楚。（如有新聞記者席、則此層自無問題）。且可利用開會前之機會、調查集會之原因、並演說人與會中重要人物之姓名。會場之布置、如有特殊可記者、可於此時記之。又會場中如散布印刷品、或懸有重要文件、亦應於此時擇有新聞之價值者記之。如爲無關重要之集會、亦可乘此時面見演說之人、叩其說辭之大要、或得其演稿、摘取要點、草爲訪稿、不必俟聞既竟始爲之也。或面晤會中主席、略叩大概、據其所告及分散之秩序單、而編集會之報告、不必待其散會也。

（二）演說不必全記。會中之演說、除特別重要者外、報紙每因篇幅有限、僅能登其要點。故訪員筆記演說、無須全錄。宜用心靜聽、將演說之精意、其中驚人之語、與演說人再三申明之點、及其常用之口禪、照原語錄下、歸而編爲報告、其他可不記也。如此所登報告中之演說、雖較原文縮短、而大意仍存在也。

（三）筆記宜迅速。報告集會之情形、訪員雖能當時筆記、然所見所聞、未見能全記也。故仍宜迅速編輯、以免或忘一二事實也。

（四）連環筆記法。如演說人爲極重要人物、其一字一句、均有登載之價値也、此時報紙、不能專賴一訪員、筆記其演說之全文、宜用連環筆記法、由一報館派數訪員、或數報館各派一訪員、以一人看時間、以數分鐘爲一次、其餘訪員、各得一號數、自第一號、筆記第一次之演說。如五分鐘爲一次也、則其所記者爲第一次五分鐘之演說。第二號之訪員、接續筆記第二次五分鐘之演說。照此類推、至最末之訪員、如演語尚未完也、則復自第一號之訪員起、每人每次五分鐘。五分鐘之後、即整理己所筆記者、遺者補入、誤者改正、謄出正稿、交與次號之訪員。此訪員將己稿整

迎後、即接七號訪員之正稿、謄出己之稿。如是演說寫後、不久演說之全文、曾預口號員背前面發辭、以餉未親聽演說而又欲知其原文之人也。

如該會所預擬之宣言、或演說者所預擬之演稿、及似此之文件、能先期覓得、訪員可覓藏中、預先排好、如是一至適當之時、即可宣布。此稿之上、應清斷注明何日何時可以登布。例如某名人將於某日午後二時在某處演說、使訪員能於十二日前、覓得其演稿、應注明某日午後三時可以登布、交社中將其預先排就。結果為當日夕刊、即發有該名人演說之全文。此注明之時期、新聞社應嚴行遵守、不可先行登出、致令他人為難。若可登布之時期、倘未能確定、訪員可注明「留待登布、約在某日」。以後一經確定、立即報告社中。

第十節　電話採集之法

電話現已成採集新聞之利器、不獨訪員常可藉電話通詢以打聽消息、或證明各種略示（謠言亦包括在內）之確否、且可藉電話以報告重要新聞之略示於編輯、以便其能立時派出其他訪員、分途探聽。且當訪員無暇回社報告新聞時、彼可藉電話口授其於謄筋中所已編就之新聞於社中之閱稿人、由其筆錄交於編輯。又編輯亦可用電話通知訪員令其特別探訪之事。

第十一節　發展新聞之法

重要之新聞、常引起多數閱者非常之注意、以致新聞紙當時所能供給之事實、嫌其太少、不足以滿足閱者之要求。彼時編輯可蒐集與主要事實有關係之各種材料、（如訪問與主要事實有關之人、或訪問與同樣事實有關之人、或敘述從前所經過之同樣事實、或將其與從前所經過之同樣事實相比較

並將所得之結果、編為紀事、附登於後。此發展新聞之第一種方法也。例如當航行大西洋之大商輪、名 Titanic 者、一次自美開往英倫、滿載美人及其貨物、忽撞於冰山之上、致被撞沉之消息、傳到紐約時、閱者均極注意。大新聞社遂覺其所能供給之事實過少、不足以應閱者之要求。如是遂紀載昔時所經過之同樣沉船之事、並編世界大船撞沉之統計、訪問與沉船有關係之人、說明冰山與冰川、推測該船沉處之深度、叙述該船之內容。如是真正之新聞雖少、而有此種種相關之紀事、庶足以滿足閱者貪多之要求、並助其明瞭此簡略新聞之實在的意義。

此外尚有一種發展新聞之方法、即對於一事之他種新聞的可能、為繼續之探聽、探聽當日因時間缺乏所尚未探聽之方面、或探聽登載後之新的發展是也。試述一例以明之。某日本城某小河中、發現一死屍、有傷痕、顯為被人暗殺、後復被其投諸河中者。身著之衣服如此、面貌如彼。但尚無人能認識其人。當日所能視為新聞而登之者僅此。然死者與殺人者究為何人、暗殺之原因何在、均極可注意之新聞的可能也。訪員應繼續向各方面打聽、陸續將所得者編為新聞。有時以後之所得者、反較以前所已登者、價值為大。此所以訪員應每日於未去辦公之先、將各報仔細看過、視其中是否有可發展而又與本區有關者。

第十二節　特別新聞之探集

凡需專門智識及經驗以探集之新聞、曰特別新聞。歐美各國之大新聞社、對於此種新聞之探集、不責於普通之訪員而別請特別訪員以任之。例如其報中之商業一欄、登載金融貿易市況種種消息、既敏且詳、商業中之閱者、欲知股票之漲落、市價之升降、均可於此中探取消息。吾國報紙、雖亦附

有商情一欄、然簡略遲滯、不能與之同日語矣。所以然者、即因歐美各國之新聞紙、用特別之訪員、其專門之智識及經驗旣深、故其探集之本領亦高。而吾國新聞紙、用以探集特別新聞者、仍為普通訪員。

訪員採編新聞時應守之事項、玆列舉於後：

（一）訪得新聞、訪得所有之新聞、切勿視謠言為事實。

（二）如為探訪重要之新聞、順每一引線而追究到底。

（三）新聞之有價值與否、當自為裁奪、不當信談者之褒貶。

（四）敏速辦事、但勿亂忙。

（五）不可因求速而致粗心或不正確。

（六）切不可空手歸來、應設法訪得所被派探訪之事。

（七）有請勿登載某事者、宜容以最後之決定、權在編輯、不可輕許之。尤不可受賄、為他人隱藏。

（八）應設法使自己熟悉城中各處、尤應熟悉本區內之各地方。

（九）本區內之各新聞來源、切不可一日不去。

（十）應與因職務而相接洽之人為友、便其對於己之事業發生興會、而願助己探集新聞。

（十一）勿爽約、勿為不能守之約。

（十二）訪問時、不可當面筆記。

第七章 訪員應守之金科玉律

（十三）在訪問之前、應確知己所欲得者爲何？

（十四）備一袖珍簿、記載各種新聞之略示。

（十五）除非某報所登之新聞、素來確實、切不可轉錄之。

（十六）廣告性質之新聞、不可登於新聞欄內。

第十四節　訪員之資格

訪員旣兼採集與編輯二種職務於一身矣、欲求盡職、不可不具下列幾種重要之資格。

（一）敏捷、「光陰乃黃金」、此語在新聞事業中、最為真實、故訪員應能事事敏捷、以節省時間。熟知何處可以探得新聞？如何可以探得？並能立斷其價值、此探集上之敏捷也。探得後、無論事實之多寡、能不甚費思索、不起草稿、用簡明之文字、編成新聞、非惟不背事實、且詞能達意、此編輯上之敏捷也。

（二）勤勉、勤勉爲訪員成功至堅之一基礎。探訪新聞、本非易事。有時經跟多之周折、而仍無所得。但訪員應順每一引線而追究到底、至得其所欲得者、或自信不能再有所得之時爲止。若半途而廢、空手歸來、是自認失敗也。總之、訪員應如軍中之兵卒、實往所在、無論何事、皆盡力以爲之。或如招攬保險之人、職務所在、絕不憚煩、雖對人低頭屈膝、而不以爲恥、只須精神上保其獨立不屈之概耳。吾國訪員、往往不去訪人、而待人訪問、且有高抬身價者、誠爲笑談。若在他國、則凡遇稍重要之事、必有訪員在座、一名人入境、訪員多迎候於船埠、否則麕集於旅社、以求得其談話。此種勤勉之態度、吾人亟應養成之。

（三）正確　新聞須為事實、如非事實、則登布後、常足使個人或團體受之痛苦、前已言之矣。故訪員應能對於各事、為正確之觀察。復應能事事小心、不因忙碌而致人名住址及其他事實有弄錯之處。

（四）知人性　社會中各色之人、男也女也、老也少也、貴也賤也、富也貧也、訪員無一不與之接。故訪員應知人性、使人均樂與之為友。交遊廣、採集新聞之障礙、減去一半矣。又應知人性、以免為他人所欺、而不能辨別真偽。

（五）有強健之記憶力　訪員於採集新聞之時、每不能立時筆記、如是求保留所採集者以待編輯之需、每不能不依賴記憶力。苟此力不強、誤記事實或忘記事實之一部、不便實甚。所以訪員應有強健之記憶力也。真正訪員、鮮有身帶隨記簿者、僅帶數張小片之紙、以備記人名地名或數目之用足矣。然歸而記所採集者、能絲毫不爽。此種強健之記憶力、並非天生、乃用人力逐漸養成者也。

（六）有至廣或至深之智識　普通訪員所採編之新聞、非為一方面的、純一的、乃為各方面的、十分駁雜的。故非有各方面的智識、事事內行、觀察既不能透澈、記載安望能明瞭。故其智識、雖不必深、但不可不廣也。至特別訪員之所採編者、既為一方面之新聞、（如商業特別訪員專採編商業新聞）則其智識雖不必廣、但對於此一方面之智識、則又不可不深也。至一事之為新聞與否、其精采為何、其價值何若等事、均應立能辦也。

第十五節　通信員與其通信法　（附註三）

新聞社多於外埠之重要地方、派有通信員、以採集該地新聞之為其所注意者。通信員可概分為三種

一曰普通通信員、即僅事事報告新聞者。二曰特派通信員、即社中特別派往某地以關查特定之事件者。歐美各大新聞社前派往前敵調查歐戰情形者、即屬此種。吾國尚有所謂「特約通信員」者、即載事實而買串以已見以成其通信者也。

通信員與訪員、同為新聞社探編新聞之人。故前所述關於訪員者、大抵可引用於通信員。然通信員與訪員之間、亦有稍異之處。（一）通信員之責任較訪員尤重。訪員每日應探視何事大抵有編輯為之決定。如因人訪問也、新聞社往往為之介紹。如報告集會也、新聞社往往為之覓入場券。故其進行尚易。若通訪員則不然、雖有外埠編輯、遙為指導、然大抵諸事概須自理。須自立一簿登記各種略示。故報紙可有交遊不廣之訪員、不能有交游不廣之通信員也。某日應探視何事、亦須自行決定。因人訪問時、大抵須自行設法介紹。報告集會時、須自覓入場券。

（二）材料須慎加選擇。通信員之所報告者、乃為外埠新聞。然某地之事、在某地雖有新聞之價值、往往因時間與距離之關係、在他埠則價值大減或全失。故通信員對於通信之材料、須慎加選擇。第一須辨別某事是否為純粹之本埠新聞。如其是也、除非其社中發行該地特版、則不能視為通信之材料。如亦為外埠人所注意、則又須決定其價值之大小。價值大者、可用電報報告。價值小者、則用書信報告。至報告之簡詳亦應視其價值之變化為轉移。價值因時間與距離之關係而大減者、則報告宜簡。小減者、即可稍詳。此所以通信員對於新聞之價值、應有極正確之判斷力、並應能用最經濟之手段、縮短一事之紀載、而仍無礙於明瞭與翔實也。

為減輕電費起見、通信員與其編輯間、常有一約定之特別電碼、以一字代替數字。然使通信員之電

報報告、其編輯視為無價值而不登載、則此報告之電費、終為虛糜。故通信員遇有重要之新聞、例先發一簡短之詢問電、以請示於其編輯。在此電中、除註明其姓名及發電之時間外、並說出此新聞中最重要之事實、與擬用以編成通信之字數。編輯得此電後、即可將其中所說之重要事實、立時登布。如視該新聞之價值甚低、僅登此電中所說之事實已足、則可無須即發回電。通信員逐可毋庸再報告矣。編輯如視此新聞有將其詳情登載之價值、則宜即回電於通信員、告知應再發之詳細之報告、其字數雖不必與編輯所電示之字數恰合、然不可相去過遠也。通信員得此電後、應立發出一詳細之報告、其事前用書函請示於其編輯、以省電貲。若為意內新聞、通訊員應事前用書函請示於其編輯、以省電貲。

第十六節　通信社之通信

新聞社如專視本社之訪員採集本埠之新聞、本社之通信員採集外埠之新聞、必致重要之新聞、常被遺漏。否則須多請多訪員與通信員遍布各處。然此層即最富之新聞社、亦難辦到。故新聞通信社之通信、各新聞社多利用之。使該通信社之信用素著、則可逕視其通信為新聞而登布之。否則僅可視為略示、先派本社之訪員或通信員、加以調查、然後方定其可否登布也。

第十七節　機關與私人之通信

新聞社收常到各機關、或私人報告消息之電話或來函。其中固少可逕視為新聞、加以改編、即可登布者。然大多數可視為略示、應立派訪員、加以調查。

（附註一）忽然發生之重要事情、乃編輯能否敏速組織其訪員而成有力之機關之着實的試驗。紐約某新聞社之編輯、名 Alexander McD Stoddart 者、所述該社處置一九一十年八月九日剌細約市長之消息之方法、頗足說明編輯應如何安排、以便探得一重要事實之各方面。茲譯述於後。（原文見 What the City Editor does when a Gaynor is shot," the Independent, Aug. 25 910）

『當日九點三十分鐘、收到新聞通信社之通信一則如下：「市長 Gaynor 今晨在 Hoboken 之 The Kaiser Wilhelm Der Grosse 船上被刺。傳其已死」。此關於刺市長事之最初新聞也。編輯得此新聞後、立用電話、找尋其訪員、首派三人、赴 Hoboken 調查詳細情形。不久又接到通信社第二次之通信如下、「市長現已移至 Hoboken之 St. Mary 醫院」。如是報館又並派一訪員前赴該醫院訪問醫生、並立時報告其結果、又派一訪員赴市長之宅中或別墅以訪問其夫人、因編輯知其夫人並未與市長同行也。旋復接得第三次之通信如下、「刺市長者、現已被逮。其名為 James Gallagher。現住三馬路四百四十號。」如是編輯吩附一訪員曰「速往該處。盡力之所能、訪得所有關於彼者。竟得其像片。查明其屬何政黨。有所得用電話告我。我或能令爾再調查他事也。」次又接到第四次之通信如下、「Gallagher 原為本城電船部中之打更者、至七月一日、方被開除。」微露其殺之動機。旋復接得派用打 Gallagher 歷史之訪員之報告、謂伊昔常戀望美僑於位置在僱者、乃本城僱員中之甚不滿意者也。如是編輯又派出一訪員並吩附曰「Gallagher 乃一常寫信抗議人。赴造船部及官吏委員會取得其所有之通信。」

復另派一訪員訪問代理市長名 John Purroy Mitchel 者。又派一人調查本城憲章關於因此種情形而令市長缺人之規定。又令一訪員在本社圖書室中、取出平日所留存關於市長一生之各種材料、為之編一哀啟。此時有一幹用 Gallagher 之人、由電話告知、伊常做奇異不可思議之事。如是編輯特派一訪員、往彼人處、探訪更詳細之消息。

編輯的略示單上所記之各種略示、此時如後。每一均附註所派往探訪之人。(1) 圖刺市長事之大體、(2) 訪問 The Kaiser Wilhelm 船上之人、(3) 在該船上之、Gallager 之為人與其通信 (5) 在 St. Mary 醫院中之 Gaynor (6) Gallager 之籌理與其計畫、(7) 市長之夫人及其家庭、(8) 代理市長之 John Purroy Mitchel、(9) 市政公所、(10) 憲章如何說法並訪問、(11) Gaynor 之哀啟、(12) Gallagher 所做之奇異不可思議之事。」

(附註二) 美國 Bleyer 教授曾將其所視為之新聞來源及各來源所能供給新聞之種類、列為一表。茲譯登於後、以備參攷。(見 "Newspaper Writing and Editing," P 30.)

(一)、警察所與其各區─犯法、遇險、自殺、火警、遺失、暴死、及關於警廳組織方面之新聞。

(二)、消防隊總處─火警、損失、及關於消防隊組織方面之新聞。

(三)、驗死事務所─慘死、暴死、自殺、與暗殺。

(四)、衛生局─死亡、傳染病、衛生報告、自來水情形。

(五)、登錄局─財產之買賣、移轉、與抵押。

(六)、市政廳—結婚執照。
(七)、地方監獄—犯法、逮捕、與執行死刑。
(八)、縣知事公署—任命、免職、與市政政策。
(九)、刑庭—控訴、預審、與審理。
(十)、民庭—起訴、答復、審理與判決。
(十一)、遺產管理處—財產與遺囑。
(十二)、破產判斷處—讓賣、失敗、接收人之任命償債者之集會、與倒莊之清算。
(十三)、房屋檢閱吏—修座執照、改建執照、危險建築物之責罰、防火規則、與防火方法。
(十四)、公益委員會—價格案件之審理與判決、及管理規則。
(十五)、建築公所—市政之改良。
(十六)、航業公所—船之到岸與離岸、貨物、價格及航業新聞。
(十七)、慈善總會—窮困、貧乏、與救濟。
(十八)、商會與交易所—股票、產物、五金、牲口之時價、買賣、及新聞。
(十九)、旅館—要人之來去、私人宴會及公宴。
(附註三)各新聞社對於其通信員、例發一種通信規則、除他事外、內述何種新聞可以報告、何毋須報告。Chicago Tribune 告其通信員謂下列各事、毋須報告。
(一)、火車中司機人等及毫不重要之人之死傷、除非在三人以上、或含有鉅額之財產損失、不

新聞學　第六章　（附註三）

四十一

報。

（二）、瑣屑之變故、如囚運用機械而指傷足斷之類、不必報。

（三）、不關重要之盜竊拐騙之事、不必報。

（四）、常人病故、不必報。但過聲聞一省或一國之人物故時、當先迪電社中一问。

（五）、連姦墮胎誘逃等事之與著名人物有關者、宜先期函告社中、由其酌定應報與否。關於此等事之謠言、不必報。亂倫溺孩之事、亦不必報。

（六）、尋常典禮及始業式或休業式、不必報。如有名人演說、宜就法庭所已證實之事實而小心報告之。

（七）、法庭中每日審問謀殺事件之證據、非先經本社許可、不必報。

（八）、關於游戲事件之詳情、非經本社預囑、不必報。

（九）、牧師之演說節略、非經本社預囑、不必報。

（十）、鄉立市塲之紀事、不必報。但省立市塲開塲之情形、可簡單報告。

（十一）、旅館開張及其他有廣告性質之消息、不必報。

（十二）、演劇或其他游藝、不必報。然若在大城市舉行、而演者又為著名人物、或新劇第一次開幕、則可以報、惟須先得社中之許可。

（十三）、秘密社會之進行、非經社中囑託、不必報。

（十四）、學校開學之情形、除非得社中之命令、不必報。

（十五）、農家收成之情形、非得社中之命令、不必報。若猝遭雨水霜雪、有害田事、可先函詢本

社。

（十六）、結婚事、非經本社預先吩咐、不必報。若嫁娶二家為著名者、宜先期函告社中、以待機命。

（十七）、尋常賠償損失之訴訟、不必報。

（十八）、怪胎、不必報。

（十九）、刑事罪、除非與名人有關、且得社中之命令、不必報。

Associated Press 與其通信員之通信規則中、謂下列新聞、可以報告。

（一）政治新聞之無私見黨見而其重要又足以引起經過省界之一般的注意者、可以報告。

（二）僅關一地之選舉報告、得本社命令後、可以報。

（三）公民大會、演說、宴會等事、經本社命令、則報之。

（四）鐵路上要員之黜陟、與社會有關者、則報之。

（五）鐵路新公司之組織、或舊公司之合併、與托拉斯或其他聯合商行之與設立、與鉅額之產業資本並公眾之福利有關者、則報之。但須屏去廣告性質之語。

（六）營業失敗至三萬元以上者、又接收人之任命、皆報之。

（七）監守自盜至萬元以上者、則報之。如激起眾憤、則為數雖較小、亦可報。

（八）同盟罷工、因而失業有二百人以上者、可以報。使因罷工而大產業受損、或交通阻礙、或發生擾亂情事、皆可詳報。

（九）劇烈之大風雨、因而發生人命財產之損失者、則報之。

（十）傷亡至二人以上、或損失鉅額之財產、皆可報。

（十一）鐵路遇險、致財產損失在五萬元以上、或有人因而受創致死、則報之。至貨車常遭之變故、不必報。

（十二）船舶之沉沒、觸礁、擱淺因而財產損失在萬元以上、或發生人命損失或他種變故之火災、可以報。保險之總值、亦可報。

（十三）致財產損失在五萬以上、或因而有死亡者、則報之。

（十四）法庭如有要案、宜先詢問本社、由本社指示要節而後詳報之。有關鐵路公司或大商號或公衆福利之判決、均宜簡潔報告。尋常案件、不必報。

（十五）謀殺事件、可簡約報告。如因謀殺而發生非常情形、或與有關係之人、其聲望不限於本地、則可詳報之。

（十六）盜竊至五千元以上者、可以報。

（十七）罪犯絞決、可先期將罪案報告。

（十八）誘逃墮胎等事、不必報。如墮胎者係有名婦人且因此而物故、則可報。誘逃者如爲人所捕獲、而受群衆之處置、亦可報。

（十九）游戲事情之爲全省或全國所注意者、應預行報告社中、以便社中得開示節略以爲其遵照報告之用。角力競技等事之僅爲一地所注意者、不必報。然若參與之人有傷亡、或其成績極佳

又可以報。

第七章　新聞之編輯

第一節　編輯之根本義

訪員既探得新聞矣、其次手續、即為編輯、以備登載之用。換言之、訪員應如何報告新聞於閱者乎？編輯之根本義有四。

（一）翔實。新聞紙者、社會之耳目也。而訪員與通信員者、又新聞紙之耳目也。故其責任甚重。編輯時、第一須心地開放、毫無成見、所述者僅為事實、僅為使其意義明瞭之所有事實、以供閱者之判斷、或作事之標準。切不可因一己之私見、將事實顛倒附會或為之增減、致失事之真相。尤不可顯然夾入好惡贊斥之詞、以表其意見。愚意新聞與意見、應絕對分離、新聞欄中、專登新聞、社論欄中、始發意見、彼此毫不相混。即欲於新聞欄中發表意見、亦應附計於新聞之後、以便辨別。此種辦法之優點有五。（一）意見得夾入新聞中、則訪員常以事實遷就意見、而輕視其供真正新聞之天職。今二者分離、則此弊當可稍減。（二）意見夾入新聞中、腦筋簡單者必常誤視意見為事實、固失其主張之自由。今二者分離、則無此弊矣。（三）意見與新聞、放在一處、則閱者常須於長篇紀事中、尋出短篇之事實、不便莫甚。今二者分離、則無此不便矣。（四）發興正雜之意見、本為難事、決非多數忙於探編新聞之訪員所優為。故宜用分工之制、訪員專事採編新聞、而意見則別請專員撰著、於社論欄中發表之。（五）新聞欄中、專登真正新聞、可增加社會對於此欄之信仰心。雖主張絕

新聞學　第七章　新聞之編輯　　　四十六

不相同之人、因此均可訂閱此報、以知世界及本埠之大事。此於新聞紙之銷路大有裨益者也。明乎此、則世俗之所謂『新聞政策』者、非打消不可矣。

新聞紙對於各事有所主張、或保守、或進取、或贊成、或反對、日日於其社論欄內、發表之、擁護之、乃正當之事也。『新聞政策』、如作此解、吾人對於新聞紙之主張、縱或有懷疑之處、然不能咎其有一定之主張也。換言之、『新聞政策』之當存在、無可疑也。所可惜者、『新聞政策』並不作此解。彼在今日、有造謠與挾私的意味。政黨之機關報、為達一時之政治目的起見、往往對於敵黨之領袖、造一篇大謠言、登之報上、以混亂一時之是非、反美其名曰、此『新聞政策』也。或每日於新聞欄內、為輸灌不利於敵黨之感想於閱者腦中起見、將一原來五六行即可登完之新聞、『特別放大』之、此種明目張膽造謠挾私之『新聞政策』、絕無存在之餘地、不待煩言矣。

成一篇淋漓痛快洋洋千言攻擊敵黨之大文章、亦美其名曰、此『新聞政策』也。就上列之五種優點觀之、此種明目張膽造謠挾私之『新聞政策』、絕無存在之餘地、不待煩言矣。

二明瞭。　訪員編輯時、第二應力求意義明瞭、使閱者看時毫不費力。故最好使用白話。凡古奧難明之字、或意義晦澀之句、切不可用。為此理由有三：（一）閱者用以看報之時間、常甚短促、故看時求快。然此非文字明瞭不可。若須查閱字典、左能明白、不惟閱者無暇、亦多不願如此費事也。（二）報紙應為普及教育之工具、前已言之。然苟不明瞭、則普及終難實現。（三）文字明瞭、則閱者必衆、此於報紙有益之事也。吾國報紙、至今尚鮮有對於新聞、加以標點符號者、此實為不可解之事。因各種符號、均足以增進文字之明瞭而使閱者易於了解也。至應採用何種符號、請參看本書附錄中之『請頒行新式標點符號的議案』。

（三）簡單。枝葉之浮詞、重複之語句、均不宜有、即無甚價值之細情、亦不合放入、以免靡費閱者之時間而、空佔報紙之篇幅也。

（四）材料適當之安排。如是欲求訪稿之修、不能不求探訪之詳矣。報紙之閱者、可概分爲二類。第一類之人、優游多暇、每日將其所購之報紙、自首至尾、至看一遍。第二類之人則事情甚忙、每日僅能抽出少許工夫、展開報紙、掠觀一遍、見其所注意者讀之、餘則不顧。然其欲知世界之大事、則無異也。第一類之閱者、旣有報癖、無論新聞如何編輯者之、不患其不看。然此類閱者究少。故訪員編輯時應注意、第二類之閱者。爲此類閱者所注意、使其亦不能不讀、且應其以最短時間而知世界大事之槪要也。爲人編輯新聞時、訪員除應力求翔實、明瞭、簡單外、亦應將組成新聞之各事實、善爲安排。昔人編輯新聞時、係用文人作紀事文之體裁、由因到果、排列各事實、按其發生先後之次序。爲瑣碎事實、而能引人注意與閱者所欲知之新聞精采反埋居新聞之末。又甚至用小說家之慣技、故意先敘無甚緊要之事、將人人所最注意、直至末尾方龍睛一點、破壁飛去、意將使閱者拍案叫奇也。殊不因此往往本爲第二類人所注意之新聞、終僅第一類之人讀之、新聞之價値、受損多矣。致往往居新聞之首者、爲美國新聞界發見、幾經改良、現已造成一種新聞之格式、即於編輯時、不計各事實發生先後之次序、但計各事實之重要、將最引人注意之新聞精采、及用以說明所必需之各事實、首先敘述、然後再及詳細情形。（例如失火之紀事、除非其原因甚形特別外、則先述人命財產之損失、然後再詳述失火之原因。）且按各事實之性質、分爲段落、以免如長篇無段落者令人見之而生沉悶之

感。如此則第二類之閱者、亦不能不注意矣。吾國訪員、仍多用舊法編輯新聞、致新聞之精采、常被埋沒、卽長至數千言、亦不分段落、旣不能引人注意、而閱者欲知一事之綱要、又非全看不可、此所以閱者多嫌其沉悶也。最可憐者、爲一種報紙、對於新聞、毫不加以組織。同一新聞、因數通信社均有報告、遂不計重複而均列載之、而不知將各報告合成一新聞。有時數種新聞、雖彼此頗有至深之關係、因非得自一通信社也、遂分別登出、聽閱者自行看出其相互之關係、不知聯合之而編成一新聞。其不便於閱者、自不待言、而本身亦於無形之中、變成各通信之機械矣。

第二節　新聞之格式

新聞之格式、乃分新聞爲撮要與詳記二部。新聞之第一段、曰撮要。其次諸段、曰詳記。新聞之撮要、以新聞之精采及數問題之簡單答案組成之。每一新聞、必有其精采、否則不成爲新聞、而精采爲引人對於一新聞注意之物、前已言之矣。故訪員應能於種種事實中、認出就爲精采、而首先逑之。精采之外、尙有數問題、爲說明其意義及其與詳記之關係所必須。故訪員編輯新聞時、應於第一段中首述精采、次簡單答覆數問題、以不失明瞭爲度、而成所謂新聞之撮要。設因文法關係、新聞之精采、不克置於簡單答案之前、只能放於答案之間、則可用較大之字印刷、以表出之。

至應簡單答復之問題、不出下所列之六種、卽何事？何地？何時？何人？爲何？及如何？是也。例如在前者楚材擡沈江寬之新聞中、其精采自爲數百人之同時遇難、故訪員編輯時、應於撮要內、首先提出之。然爲使其明瞭起見必須同時簡單報告、因爲楚材擡沈江寬？係於某地擡沈、

擔沉重要過難之人為某某、及對於遇險未死者之如何善法之辦法也。此六問題、非必須全答。其中如有無關重要者則可不必答復。至其先後、並無一定之次序、因六問題比較上之重要、至不一定也。有時新聞之精采、即為此六問題中答案之一。例如在前所引之「黃陂潛心佛學」之一段新聞中、其精采為何人之答案、即黃陂是也。

撮要之後、即為詳記。新聞中之種種事實、訪員可按其比較上之重要、先後於詳記中細述之。至詳記之長短、當視新聞價值之高低定之。價值高之新聞、詳記可長。遇價值低之新聞、詳記宜短。撮要之事實居於前、次要之事實居於後。此不僅足免閱者見長篇時之沉悶、且於閱者及排版均甚便利也。試分別說明於後。

（一）便於閱者。撮要之中除新聞精采外、尚有數問題之簡單答案。如是縱無詳記、撮要可獨立成一簡短明瞭之新聞。少暇之閱者、只看各新聞之撮要、即可於最短時間內、知世界現時大事之綱要。不看詳記、於事無礙也。然如對於某事特別注意、欲知其詳細情形也、則有已分段落之詳記在、閱者完全看過也可、僅看一段也可。此於閱者甚便利之處也。

（二）便於排版。新聞如按新聞之格式編輯、而詳記又復分段、則過新聞眾多時、或遇報已排版、忽有二三欄之要聞、突然而至時、不妨刪去數新聞的詳記之一段或全部以便版可排正、或將新至之新聞、全行排入。此不愈於將一件或數件新聞全行編纂乎。然使新聞按舊法編輯而不分段、則非割棄不可也。

第三節 關於訪稿應注意之點

關於訪稿、除其記載確實、文字簡明、並應採用新開格式外、尚有應注意者於後。

（一）稿紙無論如何、不宜二面並書。即使書至一頁之末、只餘十餘字無地可容、亦宜另易一紙。因訪稿付印時、為便分付數排字工人以排之起見、常被柝為若干段。若二面並書、所起之紛亂將如何乎？

（二）訪稿之字、宜極清楚。因手民縱知書識字、然對於糢糊之字、有時或不免誤認。使因此而致訪稿意義難明、或甚至不通、或可作他解、其不便為何如？

（三）兩行字之中間、應留空白、以便修改之用。稿紙之左右上下、亦應留空白、以便黏合之用。在撮要之前、尤應多留空白、以便閱稿人塡寫題目之用。

（四）訪稿如有數頁、應編號為記。每頁之上、應書訪員姓名。

（五）訪稿如已完、應書一『完』字。如未完、應書『未完』三字。

第四節　新舊編輯法實際之比較

京滬各報、一次曾登「交通運輸會議開幕」之一段新聞、其原文見後、可用之以說明舊法編輯新聞之弱點。

交通運輸會議開幕

民國七年六月二十四日交通部開第一次運輸會議假鐵路協會為會場會員到者五十二人來賓及部員旁聽者四十餘人於午後二時振鈴開會首由主席路政司長關賡麟君致開會詞路謂運輸會議自去歲十月間

頒布章程即已著手辦理今茲之舉實經籌畫始見施行會議要素厥惟二端一為議案二為會員議案貴乎能行此次交通部及各路提出各案均應辦之件而籌有辦法非空言悅聽之比一經討論必能見諸施行各議案大都重要或表面似乎平常而關係卻甚大莫非多年未能解決之問題設能全數得有解決固佳即或十得一二本會議之功已不可沒至會員有特色二一負責任二夙知甘苦蓋各會員均係鐵路上重要人員經驗有素所議各案議決之後須負履行之責尤不容不盡心討論其盼望之切殆如醫病人之望醫者護病人之熱心又如律師為被告人爭辯者此由於平日所受痛苦既多故於言之親切從前本部主持畫一各路尚多異同良心之觀察云是日曹總長因事未能到會委參事陸夢熊君代表致訓詞大致謂運輸為鐵路命脈各國運近日則非但華員以宜統一為言即洋員亦多感不統一之苦而向部陳議可知鐵路運輸統一之時機已經成輸多已完備倘常集內外職員切實討論交換意見故能泛應曲當吾國鐵路敷設時各不相謀近年運輸事務熟吾輩同人固當於各議案力求正當之解決以副總次長之期望尤當犧牲其本路之私見與平日之成見為輸繁聯運客貨正宜力求統一運輸會議必不可少本會係在路職員與鐵路運輸有關係者之綜合會議坐言即可實行無一毫間隔當各本其學識精密討論其議決之案即當依次籌辦又須聯合一案互相商量舉從前錯見歧出之弊一掃而空云云本其學識精密討論其議決之案即當依次籌辦又須聯合一案互相商量舉從前訓大致謂鐵路之在吾國位置年有不同近年以來所佔位置日益重要因近來種種原因故今一般人皆能知其重要而對於鐵路上之要求責備亦因此而加多我輩身歷其境必須盡其責任但非一手一足所能奏效應如何改良整頓自應研究諸君久任路事對於整頓路務自然胸有成竹但恐部局隔閡故凡事有文牘往來不能辦到而當面商量可以辦到者故有此次會議之舉然鄙人尚有鄭重聲明者此次運輸議案皆其同議案並

新聞學 第七章 新聞之編輯 五十一

非專為一路而設務望諸君將議案閱後第一須研究其提案原因第二須認今日乃改良中國鐵路之機會須虛心研究辦法雖於一路或有損害之處亦不能不犧牲其有利益之舉亦不能不贊助萬不可囿於一隅致累全體至現定會期甚短萬一不能藏事不妨延長又審查會另有時間可以從長討論且吾國鐵路位置與不昔同其困難亦甚一日同人等皆負責任之人務須盡力實行不可觀望萬不可灰心總望坐言起行詳細討論倘能乘此一番精神作去自必有好結果也又言議案之中最注意有運貨擔負責任一集此係各商民盼望已久之事務宜從速議有辦法以副人望云云後由劉會員景山用英文譯出次由會員公舉丁君士源代表全體致答詞云吾國路政開辦至今已歷四十餘載因有種種原因辦法未能一致故進步不速變通部成立以後統一方法開會討論如會計統一已獲實效茲復招集運輸會議諜運輸事務之改良統一及進行辦法誠扼要之圖也今員等添供路職自愧學識譾陋無裨高深惟有仰體部長召集之盛意各盡愚誠以求運輸發達云云嗣登台相繼演說有會員王局長景春來賓陸參事夢熊會員廣局長愚諸君時已五時乃振鈴散會隨茶點攝影而散並由主席宣告嗣後每日下午二至六時在次會開議云

此段新聞、雖長千餘言、不但無撮要與詳記之分、且絕未分出段落、而加以標點符號。全篇事實、均按其發生先後之次序排列、致閱者須看過原文十一行、方知是日曹總長因事未到會、委陪夢熊君代表致訓詞、須看過原文十六行、方知葉次長會到會親致訓詞、須讀完全篇、方知當日所有經過之事。既難讀、復費時。若用新聞之格式改編之、且用符號則文與式應如後。

交通部第一次運輸會議開幕

為謀運輸事務之統一

交通部第一次運輸會議、其目的在謀運輸事務之統一、已於本月二十四日假鐵路協會開幕矣。首由主席路政司司長關君廣麟致開會詞、次曹總長代表陸夢熊君與葉次長先後致訓詞、次由會員代表丁士源君致答詞、均以統一鐵路運輸為當今之急務。又次會員數人、相繼演說、隨茶點攝影而散。是日午後二時開會、到會者有會員五十二人、來賓及部員旁聽者四十餘人。曹總長因事未到、故委參事陸夢熊君代表。其訓詞由會員公推陳國華君譯為英文。葉次長之訓詞、由會員公推劉景山君繙譯。會員演說者、為王景春虞愚二局長。來賓演說者、為陸夢熊君。此日僅舉行開會禮、嗣後每日下午二時至六時、將仍在鐵路協會開會、討論一切議案。

主席關司長之開會詞、略謂運輸會議、自去年十月間、頒布章程、即已著手辦理。今茲之舉、實幾經籌畫、始見實行。會議要素、厥惟二端。一為議案、二為會員。議案貴乎能行。此次交通部及各路提出各案、均應辦之件、而又籌有辦法、非空言悅聽之比、一經討論、必能見諸施行。各議案大都重要、或表面似乎平常、而關係却甚大、莫非多年未能解決之問題。設能全數得解決、固佳、即或十得其一二本會議之功已不可沒。至會員有特色二、一肯負責任、二夙知甘苦。蓋各會員均係鐵路上重要人員、經驗有素、所議各案、議決之後、須負履行之責、尤不容不盡心討論。其盼望之切、殆如醫者望病人之痊、而辯護之熱心、又如律師為被告人爭辯者。此由於平日所受痛苦既多、故言之親切。從前本部主持畫一、各路尚多異同。近日則非但華員以宜統一為言、即洋員亦多感不統一之苦、而向部陳議。可知鐵路運輸統一之時機已經成熟、吾輩同人、固當於各議案力求正當之解

決、以副總長次之期望、尤當犧牲其本路之意見、與平日之感見、爲良心之觀察云云。

曹總長致訓詞、略謂運輸爲鐵路命脈。各國運輸、多已完備、倘常集內外職員、切實力求統一、變通意見、故能泛應曲當。吾國鐵路敷設時、各不相謀、近年運輸事務日繁、聯運客貨、正宜力求統一、運輸會議、必不可少。本會議係在路職員與鐵路運輸有關係者之綜合、會員、坐言即可實行、無一毫間隔。當各本其學識、精密討論。其議決之案、即當依次籌辦。又須聯合一氣、互相商權、舉從前錯見岐出之弊、一掃而空之云。

葉次長之訓詞、略謂鐵路之在吾國、位置年有不同。近年以來、所佔位置、日益重要。因近來種種原因、故今一般人皆能知其重要、而對於鐵路上之要求責備、亦因此而加多。我輩身歷其境、必須盡其責任、但非一手一足所能奏效。應如何改良整頓、自應研究。諸君久任路事、對於整頓路務、自然胸有成竹。但恐部局隔閡、事常有文牘往來不能辦到、而當面商量可以辦到者、故有此次會議之舉。然鄙人尚有鄭重聲明者。此次運輸議案、皆共同議案、並非專爲一路而設。務望諸君將議案閱後、第一須研究其提案原因、第二須認今日乃改良中國鐵路之機會、須虛心研究辦法。雖於一議或有損害之處、亦不能不犧牲。其有利益之舉、亦不能不贊助。萬不可囿於一隅、致累全體。至與定會期甚短、萬一不能蔵事、不妨延長。又審查會另有時間、可以從長討論。且吾鐵路位置與昔不同、其困難亦日甚一日。同人等皆負責任之人。務須盡力實行、不可觀望。萬不可因是非毁譽而有灰心。總望坐言起行、詳細討論。倘能秉此一番精神作去、自必有好結果也。又書議案之中、最宜注意者、有運貨担負責任一案。此係各商民盼望已久之事、務宜從速議有辦法、以副人望云。乙

會員代表丁君答詞、略謂吾國路政、開辦至今、已四十餘載。因有種種原因、辦法未能一致、故進步不速。交通部成立以後、力求統一方法、開會討論。如會計統一、已獲實效。茲復招集運輸會議、謀運輸事務之改良統一、及進行辦法誠扼要之圖也。今員等悉供路職、自愧學識謭陋、無裨高深。惟有仰體部長召集之盛意、各盡愚誠、以求運輸發達云云。

讀者試取改編者與原文相比較之、當能看出彼此之優劣，而覺新聞格式之亟宜採用矣。茲將改編者說明如後：

此篇新聞、現分為二部。首段為撮要、餘為詳記。撮要之頭十字、為「交通部第一次運輸會議、」因其為新聞之精采也。交通部乃國中著名機關之一、運輸會議為新穎之名目、而運輸之事、又與多數商人發生關係、亦研究鐵道運輸學者所注意、又在此新聞中無更足以引人注意之事、故「交通部第一次轉運會議」十字為新聞之精采也。次十二字為「其目的在謀運輸事務之統一」因在此新聞內、六問題之中、以「為何」開會較為重要、故首先答覆之。其次「已於本月二十四日假鐵路協會開幕矣」十六字、乃答覆何時何地何事之三問題。至「主席路政司司長關賡麟君」「曹總長代表陸夢熊君」葉次長「會員代表丁士源君」等字、用以答何人之問題也。其餘「致開會詞」「先後致訓詞」「致答詞」相繼演說」「隨即茶點而散」等字、仍答何事何人之問題也。又會務之進行如何、此時尚談不到、故不列舉、而以「均以統一鐵路運輸為當今之急務」概括言之也。然有五問題之簡單答案、與新聞之精采、撮要已可成一獨立簡短之新聞閱者讀之、即可知會中之重要事實、雖不讀詳記可也。

至次要之事實、均編入詳記、共分五段、復加以符號、較原文明瞭多矣。

又北京某報、近答「閣議決定燒燬存土」之新聞一則、其原文見後、編輯不甚得法、茲照新聞格式改編之如後

◎閣議決定燒燬存土（原文）

東海將重申烟禁之令已誌本月十八本報三日以來關於滬上存土之處置方法政府曾經密議數次至昨日閣議提出遂決定將所存土盡行燒燬茲記其經過情形如下

▲最初之籌議　燒燬存土之議最初雖有此意但以收買經費過鉅從財政上之見地致遲疑而莫能決會商之英國方面擬將運華之土原價購回前日之晚荀磋商此種辦法以某種關係卒未決定

▲燒燬之決心　前項辦法既未決定於是錢總理又往請命於東海計現在苟行燒燬則實際所損失者約一千四百餘萬金（某社報告似梢誤）東海言國家之名譽豈止值一千四百餘萬下一決心以他法彌補失故即以燒燬存土之案提出於昨日閣議

▲閣議之經過　昨日閣議以此為唯一要案閣員討論而後一致均無異議（曹汝霖等以寶土政策將不償失早已拋棄其主張一旬前陸宗輿亦曾言不如燒燬）此議遂定並由外交總長即日以此案通告英國公使及其他外交團

▲外交界之欽佩　英公使朱爾典君接到我外交部之通告以為中國得未曾有之決斷政策即日致電本國政府報告此事謂為中政府莫大之榮名

▲禁烟令即下

禁煙命令其措詞大意亦經過於昨日之閣議已飭秘書廳擬稿兩三日內即行發表云

閣議決定燒燬二千餘萬金之存土（改編者）

英公使謂此為政府莫大之光榮

價值一千餘萬金滬上存土之燒燬、與禁烟令之再頒、內閣會議為保全中國國家之名譽起見、已於昨日一致決定實行。並由外交部即日以此事通告各公使。英公使得通告後、即致電其國政府、報告一切、謂為我國政府莫大之光榮。

閣議前之情形。

燒燬存土與重申烟禁之議、政府最初雖有此意、但以收買存土經費過鉅、從財政上着想、致遲疑而未決。管商之英國方面、擬將運華之土、原價購回。前晚尙磋商此種辦法、以某種關係、卒未決定。於是錢總理往請命於東海。計現在苟實行燒燬、則實際所損失者、約一千四百餘萬金。東海言、國家之名譽、豈止此數、遂決定燒燬、以他法彌補損失。故錢總理即以燒燬存土之案提出於昨日閣議。

閣議時之經過。

昨日閣議以此為唯一要案。閣員討論後、均無異議。（曹汝霖等以賣土政策、得不償失、早已拋棄其主張。一旬前陸宗輿亦曾言不如燒燬。）此議遂定。禁烟命令措詞之大意、亦行通過、已飭秘書廳擬稿、兩三日內即可發表。

第八章　新聞之題目

此件新聞之原文、與改編之文、彼此之優劣、讀者當能看出。然二者所紀之事實、並無差別。所不同者、新聞格式之採用與否耳。前件新聞之改編、業已詳細說明。此件遂無說明之必要。故從略。

新聞既編輯矣、其次手續、即於新聞之前、加以題目。是曰造題。此事大抵由閱稿之人任之。在組織完備之新聞社、例有專人担任閱稿。所以不使訪員任造題之事者、因訪員自為之、不如閱稿人為之之為愈。其故有二。一、訪員經閱稿人校閱之後、恆有刪改、面目一變。二、造題非易事、必精於此者方能為之。有人云、「造題之難難於做詩。」此言深可味也。

第一節　題目之目的

冠題目於新聞之前、目的有二。

一、便利閱者。　題目如編輯得法、應為新聞之結晶、以少數簡明之字、敘述其中重要之事實、使閱者讀之、即可知全世界大事之綱要、雖不讀新聞、亦無不可。此於無暇仔細看報而又欲知世界大事之人最為便利。、題目之形式與其所佔之地位、又均極易惹人注目。此亦足以增進閱者看時之敏捷也。

二、引人注意。　一新聞之題目、因其形式與地位、實不啻新聞之廣告。使編輯得法、既可藉以引起閱者好奇之心、復可同時用以稍滿足其欲望、使其對於該新聞、不能不看。此所以在街市叫賣之晚報、多利用新聞題目以極大號之字登載之、或以各種顏色印出之、以增其叫賣之能力也。甚至有為引人購買起見、遂致新聞雖甚確實、而於其題目中、則不惜犧牲事實、故意誇大其詞、言過其實者。此誠為不正當之舉動。因題目應與普通廣告同、以事實為根據、以誠實為標準、不可允許新聞中所不能履行者也。

就上列二種目的觀之、可見題目與新聞同、閱稿人僅能以公平之精神、藉以起述事實、切不可用以

評論新聞。況題目如帶一種彩色、常足以在閱者腦經中、發生一種不自然之印象、致使其讀新聞時、無形中失其觀察之自由乎。至題目之不能用以填塞篇幅、更不待說明。

第二節　題目之分類

新聞之題目、可概分爲二類、即尋常題目與特別題目是也。取吾國報紙之新聞題目而詳細研究之、其尋常題目又可分爲三種。爲便於研究起見、即名之曰正題附題及分題。於例一中、「海參威之大騷動」爲正題「過激派之失敗」爲附題、至「捷克軍佔領後之情形」與「捷克族之企圖」則爲分題。多數新聞、只有正題附題而無分題、如例二。又簡短之新聞、往往僅有正題、倂附題而無之、如例三。

例一
　　○海參威之大騷動
　　　過激派之失敗
　　○捷克軍佔領後之情形　（三日東京電）　捷克羅巴克軍已將海參威過激派本部電信局國立銀行市參事會市役所等佔領（下略）
　　○捷克族之企圖　　提克司羅巴克軍已佔領海參威勞兵會本部並設立西伯利亞政府（下略）

例二
　　▲宣統習武
　　馬年學習乘馬

二 清帝舊制皇帝本須習武、宣統現年十三歲、照例學習乘馬瑾太妃已擬定乾清門侍衞都林爲教授、一切操縱控御之術由該教授逐日訓練、（下略）

三 例

▲黑龍江亦派爭林代表

吉林省會派遣代表入京爭廢林礦借欵合同尚無頭緒 聞黑龍江省會亦推派梁聲德等爲代表入京陳皆昨先有電來京要求當局接見矣

對於此等題目、本無成文之規定。然習慣上已有數事、可視爲通行之辨法。

（一）關於字之大小者。正題之字、常大於新聞之字。而附題及分題之字、則常與新聞之字相關。又正題之字、每較附題之字大。而與分題之字、則有時較大、有時相同、無一定之關係。

（二）關於字數者。正題與分題之字數、雖無一定、然鮮有過一行者。至於附題、則最無定式、有一行者、如例四。有二：

四 例

○烏梁海內附之佳音

▲望政府注意圖之

例五 ○閱議中之開闢商埠案
▲已承允爲開放六處
▲外勢從此遍內蒙

例六 ○森林大借欵之進行
▲吉林督軍省長同意
▲介紹人爲陸宗輿
▲農商部仍在反對

例七 ○中央選舉會投票詳情
▲第一部尚有四名未舉
▲第三部尚在激爭中
▲第六部未能舉行
▲餘皆已選出

例八

○時局要聞
　吳佩孚之緩和　　馮玉祥之勇進
　閩局陡轉　　　　李督憤電
　小葉籌戰費　　　鐵路收現洋

例九

○醴陵浩刼
　城中百姓
　只有二十四人

行者、如例五。有三行四行者、如例六例七。倘有五行以上者、然不多見也。有行一有二句或二讀而彼此相對者、如例八。又有一句分作二行者、如例九。至各行排列之法、有層層高者、如例六、而有層層低者、如例七例八等。核者用時較多。總之附題最活動、而較易於構造也。

至特別題目、可分爲四種。一爲包箱式題目、題目之四周、以粗線圍之。二爲顏色題目、以黑白二色以外之顏色、例如紅色、將題目印出。三爲旗幟式題目、以與小旗相同之篇幅、用極大之字登載題目於其中。此三種題目之用處、均在引起世人之時別注意、吾國新聞界似尙無用之者。四爲接

目、乃當一件新聞未能於此版登完而於他版接續登出時、用以表示其關係者也。

第三節　造題時應注意之點

欲求所造之題目、能達其二種目的、造題時、應注意下列事項。

（一）、任未造題目之前、應先將新聞中之重要事實、淸淸楚楚明明白白看出來。

（二）、題目當以此重要事實爲根據、旣不可張大其詞、亦不可加以評論。

（三）、題目當根據於撮要中之事實、因如此則一新聞之詳記、雖因故槪被刪去未登、而其題目仍可無須改編。況一新聞中之重要事實、又大抵於其撮要逃出耶？

（四）、引人注意之新聞精采、應於正題中提出之、因正題之字、不僅大於新聞之字、且常大於附題與分題之字而又居於前、故佔極優越之地位也。

（五）、正題之意思如已明瞭、且己盡逃述新聞中之重要事實也、則可無須另有附題或分題、否則可用二者、或二者之一、以補足其意思、或其所尚未提及者。例如在例三中、使其正題、改爲「黑省會亦派爭林代表來京、」則可無須乎附題與分題矣。然在例六中、卽使正題改爲「吉督軍省長同意森林借欵、」亦尚須［介紹人爲陸宗輿］及「農商部仍在反對」三附題、以補足之、因此二層、亦甚重要也。遇新聞甚長分爲數段時、每段之前、宜有一分題、以略示本段之內容。分題之字數、少有過一行者。而附題最無定式。故二者之中、以附題尤能盡補足之職務也。

（六）題目中切不可用含糊之字、因不惟使新聞之內容難明、且足減少其爲廣告之價値也。例如在例九中。與其言「浩刧」

例十

○楚材撞沉江寬案近聞

楚材撞沉江寬案業經海軍部組織法庭審訊迄未解決惟政府以江寬損失極重不無惻隱之心故有賠償之議而楚材艦長猶以賠償爲不當日前特請三律師擬稿呈遞內容且有理由四種（一）爲江寬年齡已老不撞亦有自沈之勢（下略）

何如直言「醴陵百姓僅餘二十四人。」在例十中、與其言近聞、何如直言、

「江寬年老、不撞將自沉、
楚材艦長不服賠償、
將以此爲一理由」。

（七）新聞題目、與書名有別。書名僅略示書中之內容、如新聞題目、則須表示一定之動作、使人一望而確知其意義。此所以例六之正題、應改爲「吉督軍省長同意森林借欵」）例七之正題、應改爲「醴陵百姓僅餘二十四人」也。

（八）新聞題目、不宜用發問式表出之。凡按理新聞紙乃以供給新聞爲職務、不應登載未經證實之傳言也。

（九）應謹防毀人名譽之紀載、以免生出訴訟。例如當某甲僅被控謂曾殺某乙時、切不可因地位有限、遂簡稱某甲殺某乙也。

第九章　新聞紙之社論

新聞紙之「社論」一欄、乃其正當發表對於時事之意見以代表輿論或創造輿論之地也。此欄與新聞欄、應嚴分界限、前者發表意見、後者專登新聞。若混而為一、則流弊甚多。前已說明、茲不贅。

就吾國新聞界之現狀言之、編撰社論之人、常卽為採編新聞之人。且社論多為一人之意見、故大抵署名發表。在歐美之大新聞社則不然。新聞門與社論門、大抵為對待之機關、兩不相屬。社論門中、例有一總編輯、並有數編輯以佐之。每日開編輯會議一次、由總編輯主席、以新聞部所供給之新聞為材料、而討論之。交換彼此之意見、決定本社對於各種重要時事應抱之態度、然後選定題目、指定某人擔任何題、各自按照編輯會議所議決之態度而編撰之。撰就後、交於總編輯、斟酌其是否可用、如有須修正之處、則修正之。因其為編輯部之公意、故發表時不署名。此種辦法、優點有三。一為能收集思廣益之效。二為不似署名時之有所忌憚。三一新聞社之意見、常較一記者之意見、易為社會所重視。

然求社論能代表或創造正當之輿論、則為事甚難。必也編輯於撰著時、注意下列事項、方克臻此。

（一）以新聞為材料。 社論須以當日或昨日本報所登之新聞為材料而討論之、此理甚明。例如訪員報告省議會為與某種建築、特撥一欵、此新聞也。社論編輯以此為材料而討論本省能否添此種建築、是否必要、所撥之欵項是否敷用、抑或有餘、此社論也。訪員與社論編輯職務上之分別、卽在一則供給新聞、一則對於新聞加以批評耳。新聞旣為多數閱者所注意之最近事實、故詳實之

社論第一須以事實為材料、第二須以多數閱者所注意之事實為材料、第三須以最近之事實為材料。由此可見彼於社論中因發牢騷而無端謾罵他人者、或以四書五經上之句子為題而發揮講道德說仁義之空論者、或以類似「西學原出中國攷」「中國宜取圖富論」之題、而做極浮泛油滑之策論者、均屬不當、因其非以事實為材料也。又彼因有所顧忌而置當街之問題、衆所注意之事實於不議不論者、亦為不當。因有材料而不卌以批評、以指導社會、是為放棄天職也〈予謂照以最近之事實為材料、蓋指社論應及時發表耳。既不可延遲、亦不宜過早。因邊鄙往往於事無濟、例如政府有意與外國訂立喪失權利之合同時、新聞紙即發表反對之議論、常足以喚起輿論、使政府不得不打消原意。設發表在合同已簽字之後、則挽救已不及矣。況先入為主、仍為種普通之現象耶？反之發表過早、主張今日所萬不能行之事、即使持之有故、言之成理、至多不過引起紛擾、否則等於贅言耳。社論以批評新聞為事、故其結構、普通宜分為三部。首先將此多數閱者所注意之最近事實、簡明敍出、以為批評之根礎。次以種種理由而批評之。最後為結論。

（二）有透闢之批評。社論須有透闢之批評、否則縱使所論之事實為現時衆所注意者、亦無甚價值。故編輯既不可畏首畏尾、以模稜兩可之言來敷衍、亦不可以胡謅幾句不關痛癢之話來塘塞。嗚呼不幸而言中」「予日望之」「偉哉……之言也」「天真欲苦吾民耶？不然、何其……之甚耶」一類之論耶）至徒發憤激之言、悲觀之語、或僅求文字之工而實毫無主張者、亦均在「不可」之列也。必也撰著者、學識廣博、於政治經濟社會諸學、研究有素。於本國及隣邦政治社會之歷史、及當代之情事、知之極熟。每遇一事、先深思力索以考求之、設身處地以審度

然透闢之批評、不易發也。

之。然後其所撰之文、方可望有獨到之見解、原原本本、侃侃而談、不懂一事之義而已。故歐美諸聞社近多歡迎大學畢業生、入社論門擔任編輯。愚亦深望吾國之畢業大學者、多置身新聞界、不讓斗方名士、無聊政客、與失學青年、盤據其間、而日以譁罵及無謂之社論、呈於吾人眼簾之前也。

（三）用簡明之文字。社論之文字、又須簡單明瞭。否則縱使以新聞為材料、且有透徹之批評、亦難發生鉅大之影響。因求其影響之大、須先求其普及。然苟文字艱深、難於速讀、則閱者自少。若長篇大紙、則每日僅以少許工夫看報之閱者、將多因無暇而置之不看矣。若分數日登出、則閱者且多不愛看矣。遑云普及乎。故撰著時、編輯應用最經濟之手段、以少數淺明之字、發表極充實之意見。切不可用古奧難明之字、或許多學理上的術語、以自炫學問。尤不可「拖泥帶水」、以無謂空泛之語、虛佔篇幅。每一意思應為一段。如此、閱者看時、方不費力、而可速讀。若意思甚多、可分日分別以新題發表之。不宜作為一篇、分日登出。一日登出、則嫌冗長、故亦不當。

（四）抱正大之宗旨。社論之第四要素、為宗旨正大。否則縱有所代表或創造、無非不健全之輿論耳。主持筆政者、應有潔白之胸懷、愛國之熱心、公平之性情、聽良心之驅使、作誠懇之文章、為衆請命、或示人以途、總以國利民福為歸。雖有所觸忌、亦見義勇為、當仁不讓。如是則其所撰之社論、自為讀者所重視、政治因之改良、社會因之進步。若以此為憑藉、擇一二要人而肆其攻擊、或行其奉迎、因以博官臘賄、或受一人一派之指揮、發不問事實專偏祖一面之議論、是不明記者之責任者。其社論自不為讀者所重視而無甚價值、因吾人雖能暫時愚弄多數之人、或始終愚弄少數之人、然不能始終愚弄全國之人也。

宗旨既甚正大、編輯應持研究之態度、歡迎反對者之言論、於通信欄中代為發表。是者則承認之、非者則答辯之。遇有不能自信之時、應別請專家代撰社論、以指導社會。

第十章　新聞紙之廣告

新聞帝最要之收入、為廣告費、至其賣報所得、尚不足以收回其成本、此世所熟知者也。故一報廣告之多寡、實與之有莫大之關係。廣告多者、不獨經濟可以獨立、毋須受人之津貼、因之言論亦不受何方之繫束、且可擴充篇幅、增加材料、減輕報資、以擴廣其銷路。又廣告登載得當、其為多數人所注意也、必不讓於新聞。故廣告者、直接亦足推廣一報之銷路也。又廣告如登載得當、其為多實有謀其廣告發達之必要。況廣告傳達於全社會、乃有力之商業媒介。新出物品之發賣、舊貨之減價出售、某物之優點何在、均可由此而傳達於全社會、既動世人欲購某物之心、又促原擬購某物者之實行。故為一報自身利益計、公司亦可藉此而招足股本、舊公司可藉此而推廣營業。故其足以推廣商業、毫無疑義。又廣告者、人事之媒介也。例如當一公司欲請一經理而不能得其人、一人欲擔任經理極而不能得其事、各登一廣告、二者各如其願矣。故為發達商業計、用有廣告人事計、一報又有謀發達其廣告之必要也。

發達廣告之法、最要者有二、即推廣銷路、與用有廣告智識之廣告員及廣告經理是也。登廣告者、多覓銷路最廣之新聞紙登之、因其效力最大也。故一路廣者廣告多、銷路狹者廣告少、而求一報廣告之發達、應先求其銷路之推廣也。推廣銷路、為道多矣、後當詳言之。其一、則為登載正當之廣告也。廣告者、與貨物有別。商人對於貨物、無論何人、凡顧村相當之代價者、均可舉以售之。而新聞社對於廣告、則不可如是。當先審查其內容何如。若所說者為實事、而又無礙於風

紀、則可登出之。若為賣春藥、治梅毒、名妓、到京或種種騙錢之廣告、則雖人願出重資求其一登、亦當拒絕而不納。因登有碍風紀之廣告、足長社會之惡風、殊失提倡道德之職務。而登載虛偽騙人之廣告、又常使閱者因受欺而發生財產之損失。此俱失縱使於法律上、不能問該新聞社索賠償、而縱道德方面言之、該社實有賠償之義務。此種不正當之廣告、必致廣告之信用掃地、因之其價值不堪問矣。最後結果、必為廣告減少。故一報常登不正當之廣告、亦為廣告者、亦為數不少。使有甲乙二報、內容相彷彿、然其於廣告也、甲則選擇審慎、非正當之廣告不登、如是所登者、盡為新書出版洋房招租某校招生等類之廣告、乙則良莠俱取、治梅毒賣假貨等類之廣告、亦登之、則甲之名譽自較乙大、而訂報者、亦必舍乙而就甲矣。即登廣告者、亦將因甲中得社會之信任、舍乙而就甲矣。故一報拒絕不正當之廣告、雖似于營業有碍、而實無碍也。登載不正當之廣告、雖似營業有益、而實無益也。正當廣告中之最足以推廣一報之銷路者、為分類廣告。即將幾種最普通之廣告、如招、待訪、招請、待請、招租、待租、新書出版、學校招生等、各為一類、聚於一處登之。此種廣告、實乃小形之新聞。每一種類、均有一部分人、急欲取得而讀之。故如取價甚廉、使其發達、則足以推廣一報之銷路、毫無疑義。因此美國新聞社中、間有對於此種廣告不收費者。即收費者、所收亦甚廉。收費之法常如下。由社中多備聯單之小冊、分送常登此種廣告之商人、每冊預收減成之費若干、俾商人之有此小冊者、可隨意於報中登小廣告、而不甚愛惜。

倘有一層、與廣告之發達有重大之關係者、即廣告經理與廣告員之得人與否是也。廣告現已成專門技術、非泛泛者所能勝任。必請精於斯道者經理、方能謀其發達。夫商人以謀利為目的者也。使廣

新聞學　第十章　新聞之廣告

六十九

告之刊登、能令其商業興隆、博得厚利、則必不惜資而登之。現時所以多不願登者、以其於商業無大補、徒爲奢侈品耳。然非廣告果無補於商業也、多因登者不知如何使其能易刺人目與令人不忘耳。否則鮮有不發生効力者也。求其易刺人目、則編者應知人者、以一己爲中心者也。與其告以某事某物之可以利人、不如告以可以利己之爲當。故編者心中、應常有貨物與顧客二者、並存其間、對有貨物之佳處、與顧客之利益、先有明瞭之見解。然後以平易簡明之文、將其易刺人目與令人不忘之語顧客然、原原本本、絕無張皇招搖之概。如是自能動閱者之興趣、而激其觀感也。若編者無一定之主意、僅開一貨物詳單、或徒以促人購物、道別家短處、及不關痛癢（如以「某某號廣告」爲題、下列「本號開設已若干年」、一類之千篇一律的話）之言、充塞篇幅、則與喋喋多言無異、徒滋人厭、雖用大字刊出、無益也。至求其令人不忘、則廣告之刊登、應繼而不輟。因世人強牛善忘、昨日所見於報中者、今日或已不能復憶。惟堅持方能使其不忘。廣告之文與式、使積久不變、千日一例、則又與讀者之僅有數語刺刺不休無別、足滋閱者厭惡。故宜常以新者易舊者。不過新舊二者、亦應有相同之點、使人能認識其仍爲一事耳。上之所述、不過要點。然編撰廣告、需要專門智識、非多數商人所優爲、已可見矣。設經理廣告者得人、則可代商人編得當之廣告、並指導一切、使其貨品皆爲應時之物、而索値又較市價爲下。如是登出之廣告、必發生較大之効力、而使獲利。商人見廣告有効、必願常登。從前視廣告爲奢侈品、或甚至視爲慈善事業之荒謬觀念、亦可從此打破、而知其爲商業中必不可無之物、猶輪船之無汽、則輪卽不能動也。廣告固多仰招自來者。然有待於招攬者、亦爲數不少。使經理得人、必知招攬之方法。冬日則招攬冬貨之廣告。夏日則招攬夏貨之

廣告。隨時留心、隨事注意。常能出新意、見商人所未見到者、急走而告之、爲之擬適宜之廣告、以備登載。如是則廣告自不患其寥落矣。

廣告可概分爲五種、即尋常廣告、特別廣告、分類廣告、附圖廣告、與聯合廣告是也。由新聞社隨意安放於報紙之下面後面、或其他地位者、曰尋常廣告。指定特別之地位、如在一頁之前面、或在新聞之中間者、（彼時應放黑線於廣告之四圍、以免與新聞相混。）曰特別廣告。插入圖畫於廣告文中者、曰附圖廣告。圖如優美、自足動人之心而生購買之意。又有一頁或二頁、附有寫真之銅版、而爲一地之數公司銀行商號工場聯合而組成者、曰聯合廣告。其特色在雖爲廣告、然驟視之、則似爲廣告、例登於一定地位、以便閱者查時容易。其長大抵僅三數行也。至分類廣告、爲將幾種最普通之廣告、各爲一類、聚於一處登之、前已言之矣。

此種廣告、例登於一定地位、以便閱者查時容易。其長大抵僅三數行也。

第十一章 新聞社之組織

新聞社者、一製造廠也。國人亦稱之曰報館、或曰報社。其原料固多、而必要者、爲墨、紙、與新聞。其產品即每日所發刋之新聞紙。歐美之大新聞社、日必發刋數次、而每次皇數、至少必在二十餘版以上、有時竟多至五十版、不僅世界各地最近主要消息、羅列於一幅、且多有論以批評之、又甚至有圖片以說明之。而其取價之低廉、與其繁複之程度、又極不相應。今新聞紙組織之字數、有時多至十萬言、反至多不過二十四小時、即可發行。其神速何以如是耶？曰此因新聞社組織之完備與其所用機械之便利耳。此章述新聞社之組織。至其所用之機械、俟於『新聞社之設備』一章中、再詳述之。

新聞社內部之組織、大抵分為三部。（一）編輯部、採編新聞、撰著社論、及他種稿件如書評戲評等屬焉。（二）營業部、招登廣告、發售報紙、收發款項、及報務行政屬焉。（三）印刷部、印刷雕刻事宜屬焉。然因各社事務之發達有不同、因之其所用之人數與分工之精密、彼此鮮有一致者。大新聞社日刊數次、則用人甚多、分工亦甚精密。然彼此亦無完全相同者。若為小新聞社、則用人少、一人須辦幾種之事。故無論何種組織之詳情、不能概括全體。下之所述、僅就歐美大新聞社言之。請讀者舉一反三可耳。

第一節　編輯部

新聞紙所登之材料、除廣告外、概由此部供給。因廣告以外之材料、非為新聞、即為意見、故此部多僅分為二門、（甲）新聞門、專司採編新聞之事、（乙）社論門、其職務為以新聞門所得之新聞為根據加以批評、發表對於時事之意見。兩門為並立機關、彼此不受節制、不相侵越。若該社發行星期增刊、例於此部中增設「星期增刊」一門、專司編撰該增刊事宜。

社論門例有總編輯一人、並編輯數人。每日開編輯會議一次或數次、交換意見、決定對於重要時事之態度。然後擬出題目、指定各編輯、按照所決定之態度、分別編撰之。總編輯不必自著社論、不過評定各編輯所擬之稿、視其可否登載、遇有必要、加以修正潤色而已。其最要之職務、為對於各事、為仔細之觀察、精密之思考、提出其意見於編輯會議、以備討論。此門例有一人、司徵集及選登小說詩詞等稿之事。

新聞門大抵又按新聞之性質復分為本埠新聞、外埠新聞、與特別新聞三股。每種新聞每日約佔篇幅

若干、各報均有其自定之辦法。故每股每日所應供給新聞之數量、各報大抵有一種默定。

本埠新聞股、例有編輯一人、訪員閱稿員畫師及照像師各若干人。除訪員之職務爲採編新聞、前已詳言外、茲述其他各員之職務於後。

（子）編輯。　編輯除督率並指導訪員閱稿員、畫師及照像師外、尚有下列職務。（一）決定訪員之進退。（二）實行社中之政策。一新聞社之政策、不僅可於社論欄中發表之、且可利用新聞欄、以引起社會對於某事之注意。例如在本社決定從事改良本城街道運動之後、本股編輯、可派訪員查明何處街道甚壞、並派照像師、將最壞之處拍照。又可派訪員往訪修路工程師、探聽修路之費、訪問本城當局、探聽其是否有修理之意若其無此意、並訪問政黨領袖、詢其能否於下屆城議會中提出修理街道之議案。總之、凡與改良本城街道有關之事、莫不派人探聽。似此不獨可引起社會對於改良街道事之注意、並供以種種事實、以備其研究改良方法之用。（三）採集臨時發生之要聞。遇重大事件忽然發生時、編輯應能處之以鎭靜、立時決定應向何處探集、並派何人前往探集、以便能於最短時間、探得確實之消息。（四）創造新聞。編輯每日看國內各地及外國報紙時、如見有某地之事、爲本埠所應有而尙未有者、可派訪員往訪本埠之重要人物與機關徵求其意見、並搜羅關於此事之種種材料而登布之。此曰製造新聞。例如當編輯見某地報紙所登載關於該地孤兒院成績展覽會之新聞時，若本地尙無此種慈善之組織、編輯可卽派一訪員、往訪本埠熱心慈善事業之人、及熱心公益之機關、詢其願否爲本埠發起倡辦孤兒院、或担任該院經費之一部、同時並請外埠新聞股之編輯、電囑駐在有孤兒院之各地之通信員、報吿該地孤兒

院之歷史與現狀、並郵寄關於該院之種種攝影、以便登布之用。其目的在使本埠設立孤兒院事、因此而發動、而討論、而成立。不獨社會因此受益、且該編輯因此必增加很多之本埠新聞、並冠為該新聞社增加聲譽也。

（丑）閱稿員。在小新聞社、閱稿之事、係由編輯自任。但在大新聞社、則多請專員擔任之、名曰閱稿員。其職務如後。本埠新聞在一報所佔之篇幅、非無限制。故訪員回社報告新聞時、編輯例指示何者應首先敍出並應用若干字敍出、以免訪員編過長之紀事、徒費時間。訪員編就後、交於編輯、則指示閱稿員修改之。彼時閱稿員應細心將稿看過、刪其浮辭、改正其錯誤、去其瑣屑重複之處。遇有與上次報告情形不同之點、則要求事實之證明。並使譏誹嘲笑足發生名譽訟訴之文字、不夾入其中。修正後再於訪稿前所留之空白、將所擬之題目寫出。遇訪員不能回社須用電話報告、時亦係由閱稿員接電代為編出、閱稿非易事也、因待閱之訪稿甚多、常不能從容從事也。

（寅）畫師及照像師。畫師及照像師、受編輯之指導、預備各種插畫及照片、以備登載以說明重要新聞之用。插畫中之難能而可貴者、當推滑稽諷刺畫。蓋此類圖畫、作之甚難。不僅作者識見須博、畫法須熟、能推陳出新、為前無類似之畫、又須寓諷刺滑稽之意於畫中、能引起閱者之注意、且一目瞭然也。

外埠新聞股、例亦有編輯一人、及通信員閱稿員若干人。編輯之職務、為指導其通信員探稿外埠之新聞、決定各通信社及通信員之通信是否可登、是否應縮小、而囑閱稿員照修改之、並辦

理各地特版及通信員進退事宜。至通信員及閱稿員之職務、前已述及、茲不贅。接電生接收各處發來之電信、並發出致各處之電。

特別新聞股、專探編特別之新聞、如游藝新聞、市場新聞、金融新聞、戲劇新聞等。每種新聞、有一有該種專門智識之人為編輯、自任採編之事。事繁者、則有訪員以助之。

發行星期增刊之新聞社、其編輯部中、除社論與新聞二門外、尚有星期增刊一門。此門例有一編輯、專辦此事、有訪員閱稿員若干人以助之。近三十餘年以來、美國甚行星期增刊。平日僅二三十版者、星期日則數倍之。其中所登之新聞、與平日較無甚增減。惟雜著廣告、較平日大增耳。七日中記者以六日搜羅材料。大抵下星期之增刊、於星期一即從事採集校閱、甚有先將已校閱之一部分、預先刊就者。

第二節　營業部

此部均分為三門。（甲）廣告門、不僅司理出售廣告事宜、且有招攬廣告之人、勸商家登載廣告、又有計畫廣告之人、為商家編擬廣告。（乙）發行門、司理新聞紙之批發零售與預訂諸事。（丙）會計門、司理收付欵項、保存銀錢、購買貨物等事。部中有一主任、總攬部務。每門有一經理、受其指揮、謀本門事務之發達。各經理之下、復有各助手。廣告經理、有廣告招攬人廣告計畫人等以佐之。發行經理、有寄報人派報人送報人及書記等以佐之。會計經理、有司帳人及書記等以佐之。此部之重要、在歐美新聞界中人視之、不亞於編輯部。因新聞紙如欲盡其應盡之職務也、須先謀經濟之獨立、面經濟之究能獨立與否、則大半繫於營業部之辦理若何也。故主任經理各職、各報多請有專門

智識或經驗者任之。

第三部 印刷部

此部常分為四門（一）排字房。其中有剪稿人、於接到編輯部零碎送來之稿件後、即將每稿、黏成一長張、復分為相當之數段、每段由一排字人在排字機上排之以便縮短排字之時間。每段之上、注明為某稿之第幾段、以便集合時、容易覓出。復於一張紙上、注明某稿有若干段、以便排畢後、由排版人按照此紙上之記號、將各排字人所排之各段、按其次序列在一處、打一小樣。由排版時、由排版人取此紙與他稿、依編輯部及廣告門之指示、各置於應置之處、合組成版、打一大樣觀之。如無更動之處、即送鉛版房。

（乙）鉛版房。先將原版送紙版房、介其平直、以半濕之雁皮紙、加之於上而壓之、使版上之字畫深刻入紙上、高者成凹、低者成凸、立時用機烘乾、送入澆版房、入鐵鑄之盤以熱至沸度之鉛、澆成鉛版。（丙）印刷房。鉛版成後然後送至此房付印。印時、用新式之輪轉機。每小時可印數萬張、且常報落下時、業已裁開摺好數好、即可發出。（丁）雕刻房。有雕匠雕刻字畫。此部例有一主任、以督率該部之進行。

第四節 審理部

上列三部之外、紐約世界報社近復應事實上之需要、增立一審理部。其他大新聞社、亦將繼起而立

此新聞部、此吾人可頃期者也。茲將該部設立之原因、與進行之方法、略述於後。

新聞紙如能盡其職也、其有益於人羣、此舉世所公認。然苟記載失實、無論其出於有意之造謠與播弄、抑出於無意之疎忽與傳訛、小之常足以使個人受莫大之損失與痛苦、大之足以貽毒社會、擾亂國家、此亦爲不能掩飾之事實。在昔日新聞紙自視爲萬無一失之時、雖明知有錯談、亦不肯慨然更正取消、自承其過、致有寃者常有忍淚吞聲、自歎其不幸而已。聞美國波士頓有一逸事。某報一日登一新聞、謂某君病故。某君乃以地小有聲名之人、因之弔問者、絡繹而至。然某君固未死也。頗覺不勝煩擾。遂至該新聞社、請其更正。該社答曰、本報向無更正之例、惟足下之事、似不宜置之不問、無已再登一新聞、謂足下復生可乎？此事雖小、可見當日新聞社所持之態度。今則各新聞社、漸有覺悟前此態度之非是者。而覺悟最深者、當推紐約世界報社。彼於西歷一千九百十三年七月七日、設立一審理部。(Bureau of Accuracy and Fair Play)當時宣布設立之目的、爲「增進正確與公道、糾正粗心之處、並排除弊端與弄弊者」。該部以後對於通信員發出之通告、每必曰「紐約世界報社力求正確。力求對於看本報之人與其姓名見於本報之人、均極公道。正確與公道、乃新聞事業所萬不能分離者。一不正確、常致無辜之人、遭受損失。一新聞紙之勢力、乃藉讀彼並相信於彼之人數以定之。「正確與公道」總括毀謗律。若所答者、氣正確與公道而有之、編者毋庸慮及該律也。」

該部設有主任一人。總攬部務。並設副主任二人、贊助其事。其一則每日翻閱各報、取其記載、互相比較。倘發見相爲矛盾之事。則必究其究竟、至得其眞相乃止。其一則每日取新聞社中校正後倘未付

印之各種稿件、而精細檢閱之。苟發見不合法之文字、即命編輯部更正、或沒收其原稿、務使次日新聞紙中、無與人以口實之處。無論何人對於所登之新聞、認爲全誤或稍誤者、該部甚歡迎其前來指出。指出之後、該部即著手爲嚴密之調查。對於訪員與編輯、亦加以精細之審問。務使水落石出。苟錯誤果在該社、立即爲之更正、並向指出之人表示其鄭重致謝之意。而對於社員之處分、則視其錯誤之輕重定之、不稍假借。至社員對於此部均有努力協助其進行之義務。

新聞社例有社長一人、對外代表本社、負完全責任、對內則決定社中之方針、監督各部之進行、解決各部之爭議、採用更有效率之辦法、預防訴訟之發生並維持社中之經濟。凡須大宗費用之事、在舉行之前、必須先得其許可。

第十二章　新聞社之設備

歐美各大新聞社之所以能每日製造其報紙非常神速者、除因其組織完善外、亦因其有事前之預備與使用最靈便之機器也。故設備亦爲一重要之問題。本章所述、僅及其重要者。一、完備之圖書室。圖書室之完備者。其中不僅存儲政治法律經濟外交之書籍、地理物產風俗歷史之圖畫、即一技一事之於書籍、國內外出版之雜誌、各種成案、各團體章程、亦編目而收存之。又剪取各新聞紙中所登關之各類之記事、別門別類而收存之。如是凡一問題發生、社論門之編輯、有各種足資參考之材料近在社中、一檢可得先爲切實之研究、然後下筆編撰。因此其社論、必較切實矣。卽新聞門一旦欲調查一事、亦只須檢閱新聞剪片、立可得其所欲得者、而不勞翻潛如煙海之全部報紙。例如當外埠新聞股收到某地通信員該地地震之報告後、如以該報告過於簡單、不足精閱者之要求、卽可派一

人往圖書室、翻閱地震一類之剪片。將已往他種重要地震之事實、編成紀事冊附簽於該報告之後、如是數十字之報告立變為千餘言之新聞矣。該室對於著名人物之歷史與像片、亦搜羅甚富、分類羅列。且有將其歷史預編爲事略者。如是一內閣之更易、總理及閣員之事略與像片、可與內閣更易之消息、同時登載。一名人之死言傳來、其事略與像片、亦可與其死信同時發表矣。

二、寬敞之編輯室。　各新聞社之編輯室、例甚寬敞、俾各編輯、及閱稿員訪員等、能同在一室辦公。同室辦公、較之分室辦公、實有優點。凡分室辦公、則遇重大事變發生、極應迅速辦理時、必因須向各室一一報告、而致阻滯。且事多有與各部各門有關係者、用一人從中報告、不惟費時、且恐終不免有隔膜之處。今同室辦公、則遇有事情、通知商酌均極容易、既免報告之煩、又無隔閡之虞。如有一電話至、報告重要消息、聽者當衆宣讀一遍、人人即已知悉。設此時社論門之編輯、正撰社論、而此事適與所論者有關、即可用之以立論。其便利爲何如。不過多人同在一處、喧雜必甚。非習於此者、往往不能辦事。然處之既久、必又能安之若素矣。

三、直達世界各處之電線。　大新聞社、除裝設電話機多具外、並向電報局訂立合同、在該社中、特立分局、設有電線、可以直達世界各處。幾如人腦然、有通達全身各部之神經。如此傳遞消息、方能神速而無延擱之虞矣。 New York Herald 近復於社中設立無線電台、以接收海外之無線電。

四、靈便之機器。各社所用靈便機器之重要者、有如下列。

（甲） Linotype 排字機。　此機能每一分鐘排三十餘字、遠非人工所能及。且使每行字排就後、均鑄成一鐵塊、移動甚易、不似活字之易於散亂。如是是排版更加迅速矣。

(乙)自動製銅版機。此機能於一分鐘內、將一頁報紙之紙模型、製成四塊銅版。如是該社如有數架輪轉機、即可將每頁多製銅版、以便盡量使用各輪轉機。此所以在極短之時間、可以印成數萬份報紙也。

(丙)輪轉機。新聞社自用輪轉機以代替平台機以來、印刷之速力大增。最大之輪轉機、每小時內能印一十二版之報紙約十四萬四千份。並且使報紙落下時、業已剪好摺好數好。如是郵寄各地之報紙、又可神速矣。

(丁)郵寄機。此機能自將郵寄各地之報紙、摺好包好、並貼好上書收報者姓名住址之單。如是郵寄各地之報紙、又可神速矣。

第十三章　新聞紙之銷路

一報之銷路、與其生命大有關係。銷路廣者、勢力雄厚、廣告發達。銷路狹者、勢力薄弱、廣告不旺。因此各新聞社每用種種方法、以求推廣其銷路並維持之。方法中有當者、有不當者。不當者之尤、莫甚於登載誨淫小說及製造猥褻新聞以迎合社會之卑劣心理。吾國報紙中、甚至有每日印送一張媚優之圖片者、且登廣告曰「本報今日隨報附送名畫一張」、是真為不知恥者也。正當方法、有如下列：

(一)增進材料之品質與分量。使一報所登之材料、不惟品質精美、而且分量豐富有各界人士所注意者、則舊訂者自願續訂、即新訂者亦必源源而來、此事之當然者也。故就品質言、一報所登之新聞、應確為多數閱者所注意之最近事實、所之載社論、應確為對於時事所下之正當邊闢之批評、所收之廣告、應確為毫無欺騙性質之商業與人事的消息。就分量言、材料應極豐富、不限於一界、不

拘於一地、凡各地人各界人所注意者、莫不有之。例如新聞、不僅爲本埠的、或沿的、對於外國的、社會的、商業的新聞、亦應詳爲記載。如是則銷路自廣矣。此所以歐美大新聞社、除力求品質精外、每次發刊必二十餘版也。吾國報紙、普通爲八版、篇幅本已過少、復多無價值之材料、故銷路極狹。欲改良之、除應刪去無價值之材料外、應改用五號字、以節省篇幅、備登有價值的材料之用。如能再擴充篇幅、則尤善矣。

(二)減輕報資。報資重、則多有限於經濟、雖欲訂閱而不能者。報資輕、則需要廣、銷路定可發達。此所以歐美大報之價目、不惟未因支出增加而加重報資、且反較昔日爲輕也。

(三)發送之敏捷。發送捷敏、使報能早到閱者手中、亦足以擴廣銷路、因他事相等、閱者自願訂閱每日早到之報帋也。至市中叫賣、亦以先賣者之銷路爲最多。

(四)發起改革運動 社會中如有應改革之事、最好由新聞社發起此改革之運動、不惟於社會自盆、且足以引起社會對於其報之注意、而訂閱其報。

(五)設立問答欄。 新聞報爲閱者之便利起見、能立一閱者問答欄、盡社員之所知爲其解決 題、或供以其所欲得之智識、如其良友然、最足增加閱者與該報之感情、故亦足發展其銷路也。

(六)記者個人之道德。 記者個人之道德、與其報之銷路亦大有關係。使道德有瑕疵、例如受人賄路、足以喪失社會對於該報之信念、而令其銷路大受影響也。

總之、欲求一報銷路之發達、全社社員、均應各盡所能、以謀本報之進善並增進閱者之便利也。

第十四章 通信社之組織

第一節　新聞通信社之組織

通信社中之功用最大者、當推新聞通信社。彼乃一種不出版之新聞帋、應事實上之需要而產生。因發行於城市之新聞紙、如對於各種新聞、概須自行採集、則必於本埠用訪員數十人、於世界各重要城市用通信員多人、方能以各地重要之新聞、供給閱者、而無遺漏之虞。但此非易事、無鉅額之支出不爲功。而此鉅額之支出、即最富之新聞社亦難担任。自有新聞通信社以同樣之新聞、供給各報、而合其分担探編之費、誠非淺鮮。此種難關解矣。各新聞社既可得各地重要之新聞、日益完備、所供給之新聞、日益豐富、而各新聞社仍不能不自有訪員與通信員、不過無須多聘耳。

新聞通信社有僅供給本埠新聞者。然鉅大之新聞通信社可分爲商業的及路透社等、則均以世界各地之新聞供給各報者也。就其組織之辦法言之、新聞通信社如路透社的二種。前者乃私人之組織、其營利的在營利。任何報紙、凡願付一定之代價者、均可供以新聞。路透社即此類通信社中之最完備者也。美人所辦之聯合通信社 Associated Press 即此種通信社中之規模最大者也。茲述聯合通信社進行之方法於後、以見一斑。

一千八百四十八年、紐約數新聞社、爲謀彼此探集本埠新聞之便利起見、組織一聯合通信社。後範圍日益擴大迨至今日社員有九百餘家之多、而全世界之新聞、均藉其通信之材料、該社純粹爲互助

的事業、所有社中經費、由社員公攤之。其職務有三。（一）交換新聞。每一社員有將其所得之本埠新聞報告於社中之義務、同時有自社中得他社員所報告之他埠新聞之權利。所有媒介之責、該社任之。（二）採集新聞。凡該社無社員或社員不足之地、則自請通信員採集其地之新聞、為各社員之用。（三）購買新聞。他通信社所得之重要消息、由社中購買、報告於各社員。

該社將美國全國劃分為數區、每區復分為數分區。每區之中、有一區事務所、每分區有一分區事務所。紐約之區事務所、曰總事務所。各事務所有電線相聯、雖範圍有大小之殊、而所司之職務則一。例如紐約總事務所、收到紐約社員所報告之紐約新聞後、即斟酌新聞價值之變化、刪去次要之事實、而改編之。大抵發出之電、以改編者為最多。而致距紐約甚遠之區事務所之電多極簡略也。又該總事務所收到他區軍務所之報告後、亦如上法辦理、斟酌情形、電致本區內各分區事務所也。

第二節　他種通信社之組織

此外尚有所謂傳記通信社、圖片通信社、小說通信社者。傳記通信社、專以供給要人之略傳與肖片於各報為事。各報多購之、存於圖書室、以待後用。至圖片通信社、則以其通信員在各處所攝有新聞價值之圖片供給於各報為事。上次歐戰時、各新聞社所登關於戰事之圖片、多得自此種通信社。至小說通信社、則專以小說及諧談供給各報者也。彼等之功用、與新聞通信社同、均為以同一材料供給各報、而令其分担一部分之費用、以免各報因簽該種材料、而感受經濟上之困難。

附 錄
甲　參攷書籍目錄

1. Journalism & Literature, by H W Boynton
2. Essentials of Journalism, by Harrington and Frankenberg
3. The Making of a Journalist, by Julian Ralph
4. Masters of Journalism, by T H S Escott
5. The Making of a Newspaper, by John L Given.
6. The Newspaper, by G Binney Dibblee.
7. The Writing of News, by Charles G. Ross
8. Journalism in the United States, by Frederic Hudson
9. Newspaper Reporting in Olden Times and To-day, by J Pendleton
10. Practical Journalism, by E L Shuman. [聞此書已有史青君譯]
11. The Career of a Journalist, by Wn. Salisbury.
12. The American Newspaper, by J E Rogers.
13. Essentials of Modern Journalism, by a London editor
14. Commercialism and Journalism, by Hamilton Holt
15. Journalism for Women, by E A. Bennett.
16. A History of English Journalism to the Foundation of the Gazette, by J B Williams.
17. A History of British Journalism, by A Andrews
18. Gaining a Circulation, by C. M Krebs
19. The Making of a Newspaperman, by S G Blythe.
20. Newspaper Writing and Editing, by W G Bleyer.
21. News Ads and Sales, by John B Opdycke.
22. The Coming Newspaper, by Merle Thorpe.
23. Practical Journalism, by Alfred Baker
24. Newspaper Reporting and Correspondence, by G. M. Hyde.

25 Newspaper Editing, by G M Hyde
26 Writing for the Press, by Dudley Glass
27 Training for the Newspaper Trade, by Don C Seitz
28 Magazine Writing and the New Literature, by Henry M Alden
29 Typical Newspaper Stories, by H F Harrington
30 Journalism in California by John P Young
31 考察日本新聞紀略，包天笑著

乙　參攷論文目錄

1 The Vocation of the Journalist, by D C Banks, Nineteenth Century and After, (vol 59, PP 788-800, London, 1906)
2 Is a Newspaper Possible ?, by a New York Editor, Atlantic Monthly, (Boston, 1908, vol 102, PP 441-442)
3 Journalism as a Profession, by Walter Avenel, Forum, (N Y 1898, PP 366-374)
4 The Newest Journalism, by albert E Cave, Cont emporary Review, (vol 91, P 1832, London, 1907)
5 The Making and Reading of Newspaper, by Baron H Courtney, Contemporary Review, (vol 79, PP 365-376, London, 1901)
6 Journalism, its rewards and Opportunities, by T A de Weese, Forum, (N Y 1907, PP 441-451)
7 Journalism, New and Old, by Edward Dicey, Fortnightly Review, (vol 83, PP 904-918 London 1915)
8 The Newspaper as a Judiciary, by Rev S Gilbert, American Journal of Sociology (Chicago, 1906, vol 12, PP 289-297)
9 The Newspaper, the Magazine and the Public, by R W Gilder, Outlook, (N Y 1899, PP 317-321)

10. The People and Modern Journalism, by C. M. Green, Monthly Review. (Feb. 1903, PP. 81-94, London.)
11. Journalism as a Career, by C. M. Harger, Atlantic Monthly, (Boston, 1911, vol. 107, PP. 218-224).
12. Inside of a Sanctum, by an Insider, Independent, (N. Y. 1901, vol. 53, PP. 232-234).
13. The Printing of Spoken Words, by Fred Ireland, American Monthly Review of Reviews (vol. 23, N. Y. 1909.)
14. Journalism as a Basis for Literature, by G. S. Lee, Atlantic Monthly, (Boston, 1900, vol. 85).
15. The Modern Newspaper as It is, by A. M. Low, Yale Review, (1912, vol. 2, PP. 97-115).
16. "Tabloid" Journalism: its Causes and Effects, by A. M. Low, Forum, vol. 31, N. Y. 1901).
17. Journalism for University Men, by F. S. A. Lowndes, Contemporary Review, (vol. 80, London, 1901)
18. Ethics of Editing, by H. W. Massingham, National Review, (vol. 35, London, 1900).
19. Getting the Night News, by S. A. Morgan, Outlook, (N. Y. 1911, vol. 97).
20. Mr. Munsey on Journalism, by F. Munsey, Munsey's Magazine, (vol. 28, N. Y. 1903).
21. The Newspapers, by Wemyss Reid, Nineteenth Century, (vol. 47, London, 1900-)
22. The Next Day's Paper, by B. F. Robinsen, Cassell's Magazine, (vol. 28, London, 1899).
23. Proprietors and Editors, by A. Shadwell, National Review, (Vol. 35, London, 1900).
24. The Ethics of Journalism by J. St. L. Strachey, Educational Review, (vol. 36, N. Y. 1908)
25. English and American Journalism, by H. Watterson, Munsey's Magazine, (vol. 34, N. Y. 1905)

26. The School of Journalism, by Horace White, North American Review, (vol. 178, N. Y, 1904)
27. Journalism and the University, by A N U Colquhoun, Canadian Magazine, (vol 21, Toronto, 1903).
28. The American Newspaper, by C M Stuart, Methodist Review (vol 93 1911)
29. Sensational Journalism and the Remedy, by S W. Pennypacker, North American Review, (vol 190, 1909)
30 The Significance of Yellow Journalism, by L K. Commander, Arena, (vol 24, 1905)
31 The Newspaper Industry, by B Tisher, Atlantic Monthly, (vol 89, 1902).
32 American Yellow Journalism, by E L Banks, Nineteenth Century, (London, 1898)
33 The Newspaper Press, by H D Traill, Graphic (vol 61, 1900, PP 1800-1900)
34 The Physiognomy of the Newspaper by E S Green, Anglo Saxon Review (vol 9, 1901)
35 What the City Editor Loes when a Gaynor is shot? by Alex Mcd Stoddart, the Independent, (Aug 25, 1910)
36 Magazines in Journalism by George Harvey, Harper's Weekly, (1910)
37. Fighting Magazines, by C M Frances, Bookman, (1910)
28 Magazine Advertising and the Postal Deficit, by L H Haney, Journal of Political Economy, (1911)
39 Why Manuscripts are Rejected, by G L Nathan, Bookman, (1911)
40. Applied Ethics in Journalism, by Theodore Roosevelt, Outlook, (1911)
41. Recent Phases of Journalism, by F C. Bray, Chautauquan, (1912).

42. The Magazine in the Making, by G. H. Nathan, Bookman, (1912)
43. The Purpose of National Magazines, by J. G. Mowat, Canadian Magazine, (1901).
44. The half-forgotten Magazines, by G. N. Lovejoy, Chautauquan, (vol. 33, 1901).
45. An Intimate View of Publishing, by W. H. Page, World's Work (1902).
46. Commercialism of Literature, by Hamilton Holt, Atlantic Monthly, (1905).
47. Magazine Circulation and Advertising, by C. T. Brady, Critic, (1905).
48. Starting a Magazine, by Victor Smith, Bookman, (1904).
49. A Decade of Magazine Literature, by Rev. Charles, Eaton, Forum, (N. Y. 1898, PP. 211-216, vol. 26).
50. What Makes a Magazine Progressive, by W. Kittle, Twenty Century Magazine, (Aug. 1912)
51. Production of Magazines, by W. A. Bradley. Graphic Arts, (Jnly 1912).
52. Masters of the Magazines, by George French, Twentieth Century Magazine (April 1912).
53. Damnation of Magazines, by George French, Twentieth Century Magazine (June, 1912).
54. Wonders of Magazine Making, by H. N. Cassan, Woman's Home Companion (Sept. 1904).
55. About Magazine Printing, by T. L. de Vinne, Literary Collector, (vol. 4, 1902).
56. Future of Magazines, by Lord Northcliffe, Independent, (vol. 62, 1908).
57. Human Nature and Advertising, by Jenkins Macgregor, Atlantic Monthly (vol. 94, 1904).

58. The Craft of Newspaper Advertising, by M. Macdonagh, Monthly Review, (vol. 20, Aug. 1905, London).

59. Advertising in Some of Its Phases, by F. A. Munsey, Munsey's Magazine, (1898).

60. The Humours of Advertising, by R. L. Hartt, Atlantic Nonthly, (vol. 93, 1904).

61. Abuses of Public Advertising, by Charles M. Robinson, Atlantic Monthly, (vol. 93, 1904).

62. Forty Years as Advertising Agent, by G. B. Rowell, Printer's Ink, (vol. 50, 1905).

63. The Real Bill Board Question, by P. B. Wright, Chautanquan, (vol. 37, 1903).

64. Modern Advertising Methods, by H. Wisby, Independent, (vol. 56, 1904).

65. History in Advertisements, by Andrew Reid, Fortnightly Review, (vol. 72, 1899)

66. A Salegirl's Story, in the Independent, (vol. 54, pp. 1818-1821)

67. Telling the Tale of Titanic, by alex. Mcd Stoddart (the Independent, May 2, 1912)

68. There is a series of Articles on the Newspaper in the Atlantic Monthly during 1909-1910.

69. 批評貴州的報界,蟹眼著(民風第三號至第十七號)

70 上海報紙小史,公鵠著(東方雜誌)

71. 中國今日之新聞界,羅家倫著(新潮第一號)

72. 報律,一涵著(神州學叢第一期)

丙 請頒行新式標點符號的議案

（此係國立北京大學代表在國語統一籌備會內提出者）

一、釋名

本議案所謂「標點符號」含有兩層意義一是「點」的符號、一是「標」的符號。「點」即是點斷。凡用來點斷文句、使人明白句中各部分在文法上的位置和交互的關係的、都屬於『點的符號』。又可叫做『句讀符號』。下條所舉的句號、點號、冒號、分號、四種屬於此類。「標」即是標記、凡用來標記詞句的性質種類的、都屬於「標的符號」。如問號是表示疑問的性質的、引號是表示某部分是引語的、私名號是表示某名叫是私名的、舊有「文字符號」「句讀符號」等名稱、總不能包括這兩項意義、故採用高元先生新標點之用江一篇（法政學報第八期）所州「標點」兩字、定名為「標點符號」。

二、標點符號之種類與用法

中國文字的標點符號很不完備。最古只有『離經辨志』的方法、（見學記、鄭玄注『離經、句絕也』。大概把每句離開一二字寫、如宋版史記的索隱述贊的寫法。漢儒講究章句、始用『句讀』何休公羊傳序云、『援引他經、失其句讀』周禮注『鄭司農讀、火、絕之』『讀』字徐邈音『豆』見經典釋文。又稱『句投』（馬融長笛賦）又稱『句度』皇甫湜與李生書。）大概語意已完的叫做句、語氣未完而須停頓的叫做讀。但是漢唐人所用的符號已不可考見。祇有說文有『𠄌』字、說是鈎識用的、又有『、』字是絕止用的。不知是否當時的句讀符號。唐末五代以後、有了刻㭊書、但是大概沒有標點符號。宋岳珂九經三傳沿革例說『監蜀諸本皆無句讀惟建本始有了宋朝館閣校書的始用旁加圈點的符號。館閣校書式從旁加圈點、開卷瞭然於學者為便、然亦但句讀經文而已。惟蜀中字本與興國本併點註

文、益為周盡"。增韻也說「今秘省校書式、凡句絕則點於字之旁、讀分則微點於字之中間」這過兩條說宋代用法的符號最明白。現在所傳的宋相台岳氏本五經、即是用這種符號的。佛經刻本也多用此法。後來的文人用濃圈密點來表示心裏所賞識的句子、於是把從前文法的符號變成了賞鑒的符號、就連古代句讀的分別都埋沒了。現在有些報紙書籍無論什麼樣的文章、都是密圈到底不但不講文法的區別、連賞鑒的意思都沒有了。這種圈點和沒有圈點有什麼分別？

如此看來中國舊有的標點符號只有一個句號、一個讀號、遠不如西洋的完備。用符號的本意、千言萬語、只是要文字的意思格外明白正確。既然如此、自當採用最完備的法式。因此、本案所主張的標點符號大致是採用西洋最通行的符號、另外斟酌中國的需要變通一兩種、並加入一兩種共得下列各種

（一）句號　〇　或　・

凡成文而意思已完足的、都是句。每句之末、須用句號

（例）子說。——論語。

白黑、商徵、膻焦、甘苦、彼之名也．愛憎、韻舍、好惡、嗜逆、我之分也。——尹文子。

（二）分號　；

一句中若有幾個很長的平列的分句、須用分號把他們分開

（例）所惡於上、毋以使下；所惡於下、毋以事上；所惡於前、毋以先後；所惡於後、毋以從

前⋯所毋於右、毋以交於左；所惡於左、毋以交於右⋯此之謂絜矩之道。——大學

(三) 冒號

（甲）總結上文。

（例） 如二條之例、『此之謂絜矩之道』一句是總結上文

（乙）總起下文

（例）（1）其下為列舉的諸事

君子有三畏：畏天命、畏大人、畏聖人之言。——論語

（例）（2）其下為引語。

例 詩云：『如切如磋、如琢如磨』。——論語

(四) 點號 、 或 ，

點號的用處最大、又最複雜、現在且舉幾種最重要的：

（甲） 用來分別許多連用的同類詞或同類兼詞。

（例） 分魯公以大路、大旂、夏后氏之璜、封父之繁弱、殷民之六族。——左傳、定四年

君子之道、淡而不厭簡而文、溫而理、知遠之近、知風之自、知微之顯。——中庸。

（乙）凡外動詞的止詞、因為太長了、或因為要人重讀他、所以移在首句時、必須用點號分開。

例 凡爾器用財賄、無置於許。——左傳、隱十一。『凡爾器用財賄』是『置』的止詞

自鬻以成其君、鄉黨自好者不為。——孟子。『自鬻以成其君』是『為』的止詞。

(丙)凡介詞所管的司詞、移在句首時、必須用點號分開。

（例）趙王所為、客輒以報臣。——史記信陵君傳。「趙王所為」是『以』的司詞。所惡於上
母以使下。——大學。『所惡於上』是『以』的司詞。

(丁)主詞太長了、或太複雜了、或要人重讀他、都該用點號使他和謂詞分開。

（例）人之所以異於禽獸者、幾希。——孟。　　　　　　　　　　（主詞太長）
子路、曾晳、冉有、公西華、侍坐。——論。　　　　　　　　　（主詞複雜）
魚、我所欲也；熊掌、亦我所欲也。——孟。　　　　　　　　　（主詞重讀）

(戊)用來分開夾注的詞句。

（例）公子州吁、嬖人之子也、有寵而好兵。——左、隱三。

(己)凡副詞、副詞的兼詞、或副詞的分句、應該讀斷時、須用點號分開。

（例）初、鄭武公娶于申、曰武姜。——左隱元。　　　　　　　　　（副詞）
以德、則子事我者也。——孟。　　　　　　　　　　　　　　（副詞的兼詞）
民望之、若大旱之望雲霓也。——孟。　　　　　　　　　　　（副詞的分句）
夫顓臾、昔者先、王以為東蒙主、且在邦域之中矣、是社稷之臣也、何以伐為？——論。

(庚)用來分開幾個不很長的平列分句。

（例）君子之所以教者五、有如時雨化之者、有成德者、有達財者、有答問者、有私淑艾者；
此五者、君子之所以教也。——孟。

以上七種、不過略舉點號的重要用法。論點號最精細的莫如劉元先生的新標點之用法、可以參看。

（五）問號

表示疑問。

（例）汝得人焉耳乎。——論。（問）

鄉黨自好者不爲、而謂賢者爲之乎？——孟。（反問）

其然、豈其然乎？——論。（疑）

（六）驚嘆號

表示感嘆或願望等。

（例）唉！豎子不足與謀！——史。

野哉！由也！——論。

來！吾道乎先路——離騷

王庶幾改之、予日望之。——孟。

（七）引號

（甲）表示引用的話的起結。直行用『』「」、橫行用""''。

（例）詩云：『如切如磋、如琢如磨』、其斯之謂歟。

（乙）表示特別提出的詞句。

（例）然則『可以爲』未必爲『能』也。雖不『能』、無害『可以爲』。然則『能不能』之與

新聞學　附錄

九十五

(八)破折號　直行用｜、橫行用——。

　(甲)表示忽轉一個意思。

　　(例)『可不可』、其不同遠矣。｜荀子性惡。

　(乙)表示夾註。與（）同用法。

　　(例)夫顓臾——昔者先王以為東蒙主、且在邦域之中矣——是社稷之臣也、何以伐為？——論語。

(九)删節號　直行用︙、橫行用……。

　(例)上文(二)條的例末句也可加用『——』。略同。

　　所惡於上……毋以交於右——此之謂絜矩之道。如此就更把總結上文的意思表出來了。

(內)表示總結上文幾小段。與（）略同。

　(例)坎坎伐檀兮、置之河之干兮、河水清且漣猗。——不稼不穡、胡取禾三百廛兮、——伐檀。

(十)夾註號　直行用（）〔〕、橫行用（）〔〕。

　(例)如上條(丙)例

　　直行用（）〔〕。

　　表示删去或未完。

　(例)朱儒不明校勘訓詁之學、(朱子稍知之而不甚精)故流於空疏。流於臆說。

（十一）私名號　孔丘

凡人名、地名、朝代名、學派名、宗教名、一切私名在直行裏都於名存的左邊加一條直綫。橫行便加在下邊。

我們都做在右邊、後來覺得不方便、故改到左邊。

（例）宋徽宗宣和五年、波斯的大詩人倭馬死了。

（十二）書名號　漢魏六朝百三家集。

凡書名、或篇名、直行都於字的左邊加一條曲綫。橫行便加在下邊。

（例）吾於武成取二三策而已矣。——孟。

（十三）句與段的分斷。

（甲）每句之末、最好是空一格。

（乙）每段開端、必須低一格或兩格。

三　理由

我們以爲文字沒有標點符號、便發生種種困難有了符號的幫助可使文字的效力格外完全格外廣大綜計沒有標點符號的大害處約有三種、小害處不可勝舉。

（一）沒有標點符號、平常人不能斷句、書報便都成無用、教育便不能普及。　此害易見、不領例證。

（二）沒有標點符號、意思有時不能明白表示、容易使人誤解　（例）歸有光的寒花葬志有「孺人每令婢倚几旁飯即飽目眶冉冉動孺人又指予以爲笑」二十四字、可作兩種讀法、便有兩種不

同的解說。

(1) 孺人每令婢倚几旁飯、即飯。目眶冉冉動。

(2) 孺人每令婢倚几旁飯、即飯、目眶冉冉動。

又如荀子正名篇說『異形離心交喩異物名實互紐』十二個字、楊倞注讀成三個四字句、郝懿行讀成兩個六字句、意思便大不相同了。假使著書的人用了標點符號、便不須注解的人隨意亂猜了。

(三) 沒有標點符號、決不能教授文法。因為一篇之中、有章節的分段『一章一節之中、有句的分斷』一句之中有分句（Clause）兼司 Phrase, 嚴復譯為『仂語』）小頓（Pause, 高元譯為『讀』）的區別『分句之中、又有主句和從句的分別；凡此種種區分、若沒有標點符號、決不能明白表示、旣不能明白表示這些區別、文法的教授必不能滿意。

例 左傳、昭七年

匹夫匹婦強死、其魂魄猶能憑依於人、以為淫厲、況良霄——我先君穆公之胄、子良之孫、子耳之子、敝邑之卿、從政三世矣（鄭雖無腆、抑諺曰『蕞爾國』、而三世執其政柄、其用物也弘矣、其取精也多矣）、其族又大、——所憑厚矣、而強死、能為鬼不亦宜乎？

這一長句、若從文法結構上分析起來非用許多符號不可。若沒有符號、必致圇圇吞下去、文法上各部分互相照應的地方必不能看出來。若全用一種圈子、豈不成了十幾句了、那能表示造句的文法呢？（下略）

图书在版编目（CIP）数据

新闻学 / 徐宝璜著. —北京：中国传媒大学出版社，2018.3
（中国近代新闻学名著系列丛书 / 芮必峰主编）
ISBN 978-7-5657-2269-1

Ⅰ.①新… Ⅱ.①徐… Ⅲ.①新闻学 Ⅳ.①G210

中国版本图书馆 CIP 数据核字（2018）第 042584 号

中国近代新闻学名著系列丛书
芮必峰　主编

新闻学
XINWENXUE

著　　者	徐宝璜
策划编辑	司马兰　姜颖昳
责任编辑	姜颖昳
封面设计	拓美设计
责任印制	阳金洲

出版发行	中国传媒大学出版社
社　　址	北京市朝阳区定福庄东街 1 号　邮编：100024
电　　话	86-10-65450532 或 65450528　传真：010-65779405
网　　址	http://www.cucp.com.cn
经　　销	全国新华书店
印　　刷	北京华联印刷有限公司
开　　本	787mm×1092mm　1/16
印　　张	7.75
字　　数	110 千字
版　　次	2018 年 6 月第 1 版　2018 年 6 月第 1 次印刷
书　　号	ISBN 978-7-5657-2269-1/G·2269　定　价 35.00 元

版权所有　　翻印必究　　印装错误　　负责调换